ペーパーレス時代の紙の価値を知る

読み書きメディアの認知科学

柴田博仁・大村賢悟

まえがき

　情報を見て処理するだけなら PC やタブレットで十分だが、腰を据えて文書を読み書きするなら、やはり紙で作業したい。そう考える人は多いのではないだろうか。

　本書の狙いは「紙での読み書きのすばらしさ」を解明することに尽きる。人文学的な観点から紙での読み書きを礼賛した書籍は多い（例えば、『もうすぐ絶滅するという紙の書物について』（エーコ & カリエール, 2010）、『メディアとしての紙の文化史』（ミュラー, 2013）など）。しかし、科学的な根拠や数値を示しながら、紙での読み書きのすばらしさを解き明かした本は、ほとんどない。私たちは、そうした本を書いて出版したいと思った。

　本書は、図らずも紙を讃える書籍になった。この事情をはじめに述べたい。私たちは、電子メディアの可能性を信じて富士ゼロックスに入社した。アメリカの親会社のゼロックスは、印刷物の複写とプリントのサービスで成長した企業だが、同時にデジタルドキュメントの未来とそれを支えるテクノロジーに関してもビジョンを掲げていた。そして、現在の情報通信技術（ICT）の根幹を支える数々の先進的技術を生み出した（Smith & Alexander, 1999 ; Hiltzik, 2000）。アラン・ケイのダイナブック構想、それを具現化した世界初のパーソナルコンピュータ Alto とその製品版の Star。ビットマップディスプレイ、マウス、グラフィカル・ユーザインタフェース（GUI）、ネットワーク、オブジェクト指向、ユービキタスコンピューティングなどの数々の新技術と先進的なコンセプト。私たちは、そうした新しい技術の可能性を期待し、ニューメディアの研究に従事した。当時まだ若かった私たちは、ペーパーレスワーク、ペーパーレスオフィスの実現を信じ、紙は当然滅びゆくもの、あるいは私たち自身が滅ぼすものと思ってい

た。決して、はじめから紙の魅力に魅せられていたわけではなかった。むしろ、その逆であった。

「紙での読み書きのすばらしさを解き明かした本は、ほとんどない」と述べたが、実は重要な書籍が1冊ある。当時、イギリスのランク・ゼロックスの研究員であったセレンとハーパーの著書『ペーパーレスオフィスの神話（The myth of the paperless office）』（Sellen & Harper, 2001）である。彼らは、現場観察法とも言えるエスノグラフィックなアプローチでオフィスでの紙の使われ方を丹念に観察して、デジタルツールでは代替できない紙のすぐれた特性や組織における紙文書の役割を語った。

考えるまでもなく、紙は、言葉と人間をつなぐインタフェースとして機能している。それは当たり前すぎて、得てして見過ごしてしまう事実である。『ペーパーレスオフィスの神話』は、そのことを私たちに気づかせてくれた。そして、インタフェースとしての紙の価値は、まだ十分に解き明かされていない。紙は研究に値する。私たちは、そう思った。そして、2007年にこの本を翻訳して出版するとともに、自ら紙での読み書きの研究を開始した。

私たちは、セレンとハーパーが用いた現場観察法ではなく、紙と電子メディアを使ったときの読み書きのパフォーマンス（読み書きのスピードや正確さなど）を実験的に比較する方法を採用した。パフォーマンス比較により、紙とデジタルツールの良し悪しを客観的・定量的に明らかにすることができる。また、多くの人たちが、紙と電子メディアをどう使っているのか、また紙と電子メディアでの読み書きをどのように思っているのかを調査した。

『ペーパーレスオフィスの神話』に続く書籍として、本書はどんな内容を新しく加えることができたのか。本書の最大の訴求点は、おそらく、紙での読みやすさが、紙という実体を持つメディアの取り扱いやすさ（操作性）に依拠しているということを、いくつもの電子メディアとの比較実験を通して明らかにしたことである。配置、ページめくり、ポインティング、

まえがき

このような身体、両手、10本の指を使った全く当たり前の読書中の行為が、紙の読みやすさを強力に支援する。これらの実験報告が本書の中核をなす（第5章）。

　加えて、本書では、デジタル環境への過度で性急な移行に対して警鐘を鳴らすことも試みる。情報通信技術は、いまや生活のあらゆる面に浸透し世の中を変え、私たちに計り知れない恩恵をもたらした。読み書きを含む知的生産活動とその流通の分野に限っても、そのインパクトは、15世紀のグーテンベルクによる活版印刷の発明に匹敵するくらい、あるいはそれ以上のものかもしれない。

　人々は、日常的にコンピュータや携帯端末で文書を読み書きし、電子メールをやりとりする。「ググれば」知りたい情報は即座に手に入る。家にいながら、いやどこにいても、世界中の図書館のアーカイブにアクセスしたり、電子書店で電子書籍や雑誌を購入し、すぐに読むことができる。映像や音楽などマルチメディアコンテンツの閲覧も、ネットで簡単にできる。便利な世の中になったものだ。しかし、ものごとには、必ず良い面と悪い面とがある。

　人間の認知機能はデジタル環境に適応する。その適応によって読み書きのスキルやその結果としての人間の知的能力はどうなるか、人間はより知的で創造的な存在になりうるのか。これは、子供たちの教育や未来にもかかわる問題である。最近の研究は、必ずしもそうとは言えないことを示唆するものが多い。本書では、デジタル浸りによって生じるネガティブな認知機能の変容（退化）の研究も紹介する。そして、現状の技術レベルでは、紙での読み書きの習慣は、そうした状況に陥らないためのもっとも簡単で有力な手段だと考えている。

　将来、紙を超える読み書きメディアが出現することを、私たちは期待する。それは、かなり以前から開発され商用化が進んでいる「電子ペーパー」（面谷、

iii

2003 など）の発展形かもしれないし、表示用素材として紙そのものを使ったデジタルデバイスかもしれない。あるいは、全然違うものかもしれない。いずれにしても、紙が読み書きをなぜ支援できるのか、逆に電子メディアに比べてどこが問題なのか（紙での読み書きがいつも最善というわけではない）を知ることは、そうした技術の開発に従事する人たちにとって有益なことである。本書が、そうした人たちの参考になることを願いたい。

　以上述べた内容を踏まえれば、本書は、特に、次のような人にぜひ読んでいただきたい。第1に、紙での読み書きのすばらしさを科学的に理解したいと思っている人。第2に、紙とデジタルの読み書きをうまく使い分けたい、または融合したいと思っている人。第3に、新しい読み書きのメディアの開発に従事している人や関心がある人。本書が、こうした方々になんらかのヒントを提供することができれば、幸いである。

　本書のタイトルにある「読み書きメディア」という言葉は著者らの造語である。しかし、説明も不要なくらいストレートな造語であり、その意味は「読み書きのためのメディア」である。読み書きのメディアに求められることは、テレビやコンピュータディスプレイに求められる要件とは大きく異なることを本書を通して理解していただきたい。

　本書では、さまざまな実験の結果を紹介する。図表も多く掲載する。内容としては専門書に近い書籍となるだろう。それでも、認知科学や人間工学の実験手法についての専門的な知識を持たない人でも簡単に読み進められるよう簡潔で平易な説明を心がけた。そのために詳細を省いた箇所もあるし、あえて正確さを犠牲にした部分もある。参考文献を付与したので、詳細を知りたい方はそちらを参照いただきたい。

　最後に、ひとつ重要なことをお伝えしたい。本書は、電子書籍と紙書籍の2つのメディア形式で出版する予定である。電子版は、検索、リンク、

辞書、表示の拡大、テキストの読み上げ、共有ブックマークなど、数々の便利な機能を備えていることだろう。電子書籍は即時に入手でき、複数の表示デバイスで読め、保管スペースのことを考えなくても済む。たぶん価格もいくぶん安いだろう。こうした利点を享受したい人には、電子版をお勧めしたい。しかし、もしあなたが、本書の内容をしっかりと理解し、考え、長く記憶にとどめたいと考えるなら、私たちは紙の書籍をお勧めする。その理由は本書を読んで理解していただきたい。

2018 年 9 月

柴田博仁
大村賢悟

目　　次

第1章　デジタル時代の読み書き　1

1　現状：紙から電子メディアへの急激な転換 —————— 4

2　読み書きにおける電子メディアの利便性 —————— 7

3　ウェブへの過剰な依存と認知機能の変容 —————— 13

4　本書の位置づけ ———————————————— 18

第2章　さまざまな表示メディアとその特性　21

1　紙 ———————————————————————— 23

　1.1　紙の定義 ………………………………………… 23

　1.2　紙の役割と種類 ………………………………… 24

　1.3　紙の物理特性 …………………………………… 27

2　電子メディア ————————————————— 31

　2.1　表示パネル ……………………………………… 31

　2.2　電子デバイス …………………………………… 34

　2.3　電子メディアの利用上の制約 ………………… 36

第3章　紙の読みやすさ・ディスプレイの読みにくさ　39

1　読むメディアとして紙は好まれている —————— 41

2　ディスプレイの読みにくさの要因 ————————— 46

第4章 読みへの表示品質の影響　49

1　読みのスピードや理解度への影響 ————————— 51

2　疲労への影響 ————————————————— 55

3　まとめ ————————————————————— 58

第5章 読みへの操作性の影響　59

1　読みの多様さ ————————————————— 61

2　操作の認知負荷 ———————————————— 63

   2.1　認知負荷の計測方法·· 63

   2.2　ページめくりの認知負荷 ································· 65

3　読みの最中に行われる操作の多様さと実験の全体像 ——— 69

4　文書操作：文書の移動や配置 ——————————— 71

   4.1　複数の文書を相互参照する読み（実験 1）·············· 71

   4.2　文書移動と位置調整のしやすさ（実験 2）··············· 76

   4.3　ディスプレイ環境とウィンドウ操作コストの分析（実験 3）············ 80

5　ページめくり ————————————————— 85

   5.1　ページ間を行き来する読み（実験 4）················· 85

   5.2　テキスト文書から答えを探す読み（実験 5）············ 93

   5.3　写真集から写真を探す（実験 6）····················· 98

6　コンテンツ操作：ポインティング・なぞり ——————— 107

   6.1　文脈的な誤りを探す読みでの紙とタブレットの比較（実験 7）··········· 110

   6.2　紙での操作を制限する条件での比較（実験 8）·········· 114

   6.3　なぞったり・書き込んだりするときの文書の
位置と傾き（実験 9）································· 118

7 統合的な操作 ———————————————————— 126

　7.1　議論のための読み（実験10）……………………… 126

8 まとめと考察 ———————————————————— 133

第6章　読書への集中のしやすさ　　139

1 電子環境では読書に集中できない ————————— 141

2 読書への集中を阻害する電子環境特有の要因 ————— 143

　2.1　読書に関連のない外乱刺激 …………………………… 143

　2.2　思考を分散させるハイパーテキストのリンク ……………… 144

　2.3　マルチタスク（「ながら読書」）を誘う多機能な電子機器……… 147

　2.4　読書中の操作のしにくさ ……………………………… 153

3 電子では具体的なこと、紙では抽象的なことに注意が向く—— 154

4 まとめ ——————————————————————— 157

第7章　手書き・手描きの効果　　159

1 紙への手書きとデジタルライティングの利便性の比較 ——— 161

2 ワードプロセッサを利用すると文章が良くなるのか ——— 166

3 手書きでノートを取ることの利点 ———————————— 171

　3.1　教室でタイピングマシーンと化す学生たち ………………… 171

　3.2　手書きの同時遂行性：手書きは考えながら入力できる …… 177

4 手描きのスケッチが描画ツールに勝る点 ———————— 183

5 手書きの手紙はなぜ好まれるのか？ ————————— 188

6 まとめと考察 ———————————————————— 198

目次

第8章 メディアと環境負荷　201

1　紙の利用はエコに反するのか ———————————— 203
2　オフィスにおける CO_2 排出量の内訳 ——————— 206
3　紙とデジタル機器利用時の CO_2 排出量の比較 —— 208
4　まとめと考察 ——————————————————— 214

第9章 考察と提言　217

1　電子書籍では、なぜ内容を覚えられないのか、なぜ読後の
　　印象が薄いのか ———————————————————— 220
2　紙とデジタルを賢く使い分けよう ——————————— 225
3　紙とデジタルは連携すべき ——————————————— 229
4　未来のオフィスの姿：ストックレスオフィス ————— 231
5　読み書きのデジタル環境への期待：思考のためのメディア — 234
6　子供たちには、まずは紙での読み書きを教えよう ——— 239

第10章 むすび　245

謝辞 —————————————————————————— 249
参考文献 ———————————————————————— 252
商標について ————————————————————— 260
著者紹介 ———————————————————————— 261

ix

第1章
デジタル時代の読み書き

20世紀後半は、グーテンベルクの活版印刷技術の発明（1450年頃）に端を発した紙メディアの世界が最高潮に花開いた時代であった（津野, 2010）。当時ほど、紙の書籍、新聞、雑誌が大量に出版・印刷され、売られ、読まれた時代はこれまでなかった。同時に、20世紀後半は、紙メディアの衰退の始まりでもあった。コンピュータと通信技術を中心とした情報技術（IT）が紙メディアを代替・対抗する表示媒体を生み出し、人々は、この新しいメディア（いわゆる電子メディア）を使って読み書きや情報の伝達を行うようになったのである。

インターネットの登場と世界的な普及によって、私たちの生活は大きく変わった。コミュニケーションのあり方が変わり、情報資産へのアクセスや活用の仕方が変わり、経済や産業、生活基盤まで変わった。読み書きのためのメディアも、必然的に紙から電子的メディアに急速に切り替わってきた。21世紀に入って20年あまり経過した現在、電子メディアでの読み書き——デジタルリーディング、デジタルライティング——が主流となり、2000年以上の栄華を誇った紙メディアは、もはや「副」または「従」的な位置にあると言える。紙から電子メディアへの転換は、メディア史的に見れば、グーテンベルク以来の革命と言えるだろう。

こうした時代にあって、紙メディアの価値を見直してみることも意義がある。本書の中心テーマは、主に読み書きにおける紙メディアと電子メディアの比較論である。この2つのメディアの特性やこれらを用いたときの読み書きの振る舞いを比較することによって、それぞれのメディアの長所、短所をあぶり出したい。そして、各々のメディアの使い分けや共存・融合のあり方について考えてみたい。

本章は、本書全体のイントロダクションであり、紙と電子メディアの比較論の根底にある問題意識について述べる。はじめに、読み書きの世界に電子メディアが急激に浸透し、紙メディアが侵食されつつある現状について述べる。続いて、この勢力拡大の主な理由としての電子メディアの利便

性について整理する。その後で、読み書きという知的活動が電子メディアによって支配されることの危険性を指摘した識者の見解を紹介する。これはある意味で、楽観的な電子メディア推進派に対する批判であり、警鐘である。最後に、これらをふまえて、私たちの問題意識を示した上で、メディアが読み書きに与える影響の大きさを再確認し、本書の狙いを明らかにする。

なお、これまで、断りもせずに「メディア」という言葉を用いてきたが、本書では一貫して「メディア」という用語を、情報（コンテンツ）を載せて表示するための表示媒体、または器（入れ物）という意味で用いる。情報を記載できるものとして、紙はメディアであり、情報を表示する電子機器もメディアである。特に、後者を「電子メディア」または「デジタルメディア」と言う。

「電子」と「デジタル」はほぼ同義であり、本書ではできる限り「電子メディア」という表現で統一する。また、メディアという用語は、ニュース配信などのマスメディア、ネットでのソーシャルメディア、さらには音声、動画などのデジタルコンテンツの表現形式の意味でのメディアなど、さまざまな文脈で利用される。本書で取り扱う情報表示媒体としてのメディアを他と区別するために、紙メディアと電子メディアをまとめて「表示メディア」という表現を用いることもある。

1 現状：紙から電子メディアへの急激な転換

　いま読み書きを含む知的活動を支えるメディアが、紙から電子メディアに急激に変わりつつある。その背景には、読み書きのできる電子機器やモバイル情報端末の普及がある。総務省の『平成29年版 情報通信白書』によれば、2016年末の情報通信機器の世帯保有率は、スマートフォンを含む携帯電話が94.7%、パソコンが73.0%、スマートフォンが71.8%、タブレット型端末が34.4%であった。特に、スマートフォンがこの5年間で急速に普及し、年代別個人保有率は20代、30代では90%を超えた。

　今や、スマートフォンは「ひとり1台」の時代に入った。以前は、朝夕の通勤電車の中で紙の新聞、雑誌、書籍などを読んでいる人が多かった。今はほとんどの人が、スマートフォンやタブレットを使って、ニュースを読んだり、動画を視聴したり、メールやSNSで人と情報交換したり、ゲームなどを楽しんだりしている。

　現在、さまざまな業界で紙から電子メディアへの転換が進んでいる。まずは出版業界から見てみよう。出版科学研究所のレポートによれば、書籍と雑誌を合わせた2017年の紙の出版物推定販売金額は約1兆3,701億円であり、市場規模はピークだった1996年の約52%まで縮小した。そのうち書籍の売上は7,152億円であり11年連続の前年割れ、雑誌の売上は6,548億円であり、こちらは20年連続の前年割れとなった（出版科学研究所2018年1月号）。まさに「出版不況」と呼ばれる所以である。

　街の書店もずいぶん減ってしまった。朝日新聞デジタル2017年8月24日版の記事によれば実際、全国の書店数は、2000年には2万1,654店あったが、2017年には1万2,526店になり4割強も減った（アルメディアによる2017年5月調査）。書店ゼロの自治体（市町村）も増え、いまでは全国

の自治体の2割を占める（トーハンによる2017年7月調査）。

新聞も、同様な凋落傾向を示している。日本新聞協会が集計した2017年の新聞の総発行部数（一般紙とスポーツ紙の合計）は、4,213万部であり、ピークは1997年の5,376万部だったので、20年で1,163万部（約2割強）減ったことになる。

一方、電子書籍（文字もの）と電子雑誌を含む電子出版は紙の出版に比べればまだ市場規模は小さいものの（2017年の売上は2,215億円で、出版全体の14%程度）、市場は順調に成長している。アメリカでは、2013年にとうとう紙の本が1冊もない大学図書館も誕生し、学生に盛況だという※1。

オフィスにおいても紙の削減が進んでいる。出版業界ほど顕著ではないが、オフィスでの情報用紙（いわゆるコピー用紙）の消費量はピーク時の2008年度に比べると2016年度は20%近く減少した。これを加速化する動きとしてペーパーレスオフィスへの取り組みがある（例えば、野村総合研究所ノンペーパー推進委員会，2010）。IT業界のテクノロジーショーやエコ関連のイベントでは徹底した電子化を推奨する企業が圧倒的に多い。「ペーパーレスで業務をスリム化」「ペーパーレスでエコでスマートなワークスタイルに」「ペーパーレス会議でコスト削減」などのキャッチフレーズが至るところで使われている。

実際、ペーパーレス化の進んだオフィスを見学すると、かつて書類を収めていたキャビネット類は消え、デスク上の書類の山は消え、プリンター（複合機）も、オフィスに1～2台設置されている程度であまり使われていないようである。明らかに、紙は少なくなり、完全なペーパーレスオフィスと言わないまでも、ペーパーレス化は進んでいる。

最近では、働き方改革や業務改善の切り札として、ロボティック・プロセス・オートメーション（Robotic Process Automation：RPA）の導入が

※1　Nation's first bookless library on university campus is thriving at UTSA
（http://www.utsa.edu/today/2013/03/aetlibrary.html）

進められている。単純な事務処理や業務処理は、人間が介在することなく自動化されるようになると喧伝され、紙とペンによる作業はますます影が薄くなってきた。

　教育の現場でも来るデジタル教科書の導入に向け、各地の小学校で電子デバイスやデジタル教材の導入実験が行われている。さすがに子供の将来にかかわる教育現場では、安易な電子化に対しての慎重論もあるが（新井,2012b）、「子供はデジタルツールの利用を喜んでいる」「デジタル教科書の導入を妨げているのは、法律と教師」などの声も聞こえてくる。

第1章　デジタル時代の読み書き

2 読み書きにおける電子メディアの利便性

　さまざまな業界や分野で紙から電子メディアへの移行が進んでいるのは、電子メディアがもたらす驚異的な利便性によるものである。ここでは、デジタルリーディングの例として、電子書籍リーダーを活用した読書を、また、デジタルライティングの例としてワードプロセッサを使った文章作成作業を取り上げて、その利便性を具体的に説明しておこう。

キンドルの快楽：電子書籍リーダーの利便性

　アマゾンから発売されているキンドルという電子書籍リーダーをご存知の方は多いだろう。初代のキンドルは 2007 年に発売され、現在は機能が異なる 4 機種が販売されている。モデルによって端末の重さは異なるが、文庫本程度の軽さであり（131 グラムから 217 グラム）、長時間片手で持って読むことができる。いずれも、画面には目にやさしい電子ペーパーパネルを採用し（詳細は後で説明する）、タッチ操作でページがめくれる。

　アマゾンは、キンドルの販売と同時にキンドルストアという電子書店を開設して電子書籍を販売するサービスを開始した。この電子書店サイトでは、現在約 100 万冊以上の書籍を有料または無料でダウンロードできる。キンドルは、紙の書籍では得られない以下のようなさまざまな恩恵をユーザに提供する。

1. **読みたい本をいつでもどこでもすぐに入手できる。**端末からキンドルストアにつなぎ、そこで希望する本を検索して購入すれば、ダウンロードが開始され、すぐに読書を開始できる。書店や図書館に足を運ぶ必要もないし、書店の営業時間を気にする必要もない。本を入手す

るための労力と時間を大きく節約できるのである。

2. **端末やクラウド上に莫大な書籍を保存して携帯できる。**キンドル本体に、数千冊の電子書籍を保存できる。書籍を大量に持ち運べることから、外出や旅行の際に、どの本を持っていこうかなどと悩む必要もない。また、キンドル本体に入りきらないときには、無料でクラウド保管してくれるサービスもある。物理的な本を保管する必要がないので、書斎のスペースを節約でき、本の重さで床が抜けることも、本が崩れる心配もない（草森，2005；西牟田，2015）。

3. **検索が容易である。**キンドルでは、現在読んでいる本のなかで、特定の言葉や表現がどこで使われているかを全て検索できる。特定のシーンを読み直したり、言葉の使い方を確認するときに便利だ。

4. **辞書機能が使える。**意味のわからない単語を選択すれば、内蔵の辞書を参照して単語の意味をポップアップ表示してくれる。オンライン百科事典の Wikipedia に飛ぶことも可能だ。Word Wise という機能を利用すれば、一定以上の難しさの単語を調べて、単語の上部に小さな文字で平易な表現で表示してくれる。英単語を選択してポップアップを待つ必要もない。この機能のおかげで、英語の書物もずいぶん読みやすくなった。

5. **文字サイズやフォントの種類、レイアウトの変更ができる。**文字サイズを自分の好みに変更できる。老眼のために本を読むのがつらくなったシニアが、この機能のおかげで再び読書を楽しめるようになったという話も聞く。また、明朝体とゴシック体の切り替えだけでなく、お気に入りのフォントを取り込んで読むこともできる。

6. **暗がりでも読書ができる。**キンドルのフロントライト機能で明るさを調整すれば、暗がりでも書籍を読むことができる。さらには、紙の本のように両手でページを押さえる必要もないため、ベッドで横になっての就寝前の読書が快適になった（まどろみながら鼻先にキンドルを

第1章　デジタル時代の読み書き

落としてしまったときには、紙の文庫本の安全さを理解したが）。

その他、ハイパーリンクを使って目次から目的のページに飛んだり、ハイライトしたテキストを一覧したり、テキストを読み上げたり、ユーザの興味ありそうな書籍を推薦してくれたり、他の人たちと読書体験を共有する、いわゆるソーシャルリーディングできたりなど、紙の書籍では実現できないさまざまな機能を備えている。そして、通常、電子書籍は紙の書籍よりも安く購入できる。これらの利点にはキンドル固有のものもあるが、多くは電子書籍のリーダーやサービスに共通のものである。

初代のキンドルの開発に参加したマーコスキー（Merkoski, 2013）は著書『本は死なない』のなかで、キンドルは紙の本をそのまま最初から読む時代（Reading 1.0）から、デジタルの特性を生かした電子書籍を堪能する時代（Reading 2.0）へのシフトの口火を切るデバイスだと指摘する。マーコスキーは、本の中でデジタルの特性を生かした電子書籍の方向性をいくつも予言している。それは、利便性や経済性の追求というよりも、「紙の本を読む」という行為とは違った体験をもたらすものとして語られている。

現状のキンドルは、上記したような電子的なメリットも織り込みながらも、紙の本のルック＆フィールにできるだけ近づけるようデザインされており、ある意味、保守的である。しかし、マーコスキーが予言したような伝統的な紙の本のスタイルを打破するような電子書籍も、すでに市場にも出回り始めた。

例えば、活字と写真やイラストなどの静的な情報に加えて、映像や音声・音響といった動的情報を融合させたマルチメディア表現を駆使したものがその典型例である。また、読者の反応や応答の違いに応じて、フィードバックの内容、表示コンテンツの種類、量、デザインを変えたり、読者の好みや興味などに合わせて、デザインやコンテンツをカスタマイズして表示するものもある。さらには、記憶や学習の支援機能を組み込んだり、テキストの線形性にとらわれることなく、ハイパーリンクを活用して読む

たびにストーリーや結末が変わってしまう小説さえある。それは、もはや書籍の範疇を超えるもので、紙の本を読むという行為とは違った新しい体験をもたらすはずである。

ワードプロセッサによる文章作成

　ワードプロセッサは、文書の作成、編集、印刷などを行うためのソフトウェアであり（かつては、ワープロ専用機も販売されていた）、一般にワープロと呼ばれている。日本では、マイクロソフトの WORD やジャストシステムの一太郎などが広く使われている。

　ワープロの普及によって、ペンを使って紙に文章を書くというスタイルは激減し、タイピングとかな漢字変換機能を利用して文字を入力するスタイルが定着した。私たちが実施した調査によれば、卒業論文をワープロで書いた人は、1995 年の時点で手書きで書いた人よりも多くなり、2005 年には 100% に達している（大村・柴田，2010b）。

　なぜこれほどまででワープロが広範に利用されるようになったのだろうか。今更と思うかもしれないが、ここで改めて、その理由を整理しておこう。

1. **文章の編集が楽にできる。** ワープロでは、書いた文章の削除、修正、挿入、移動、コピーなどの編集が容易である。したがって、はじめから完璧な文章を書いていく必要はないし、書きやすいところから書き始めてもよい。後で手を入れて完成度を高めていけばよい。手書きのときのように、書き間違いをするたびに原稿用紙を何枚も反故にすることもない。元東京大学教授の野口氏は、文章の書き方を説いた『「超」文章法』（野口，2002）のなかで、文章の順番を気にせずにどこからでも書きはじめられるワープロは、文章作成に取り掛かる心理的な敷居を下げてくれたと指摘している。

2. **活字で編集・印刷できる。** 文章を書いたり編集したりする場合、可読

第1章　デジタル時代の読み書き

性が高く、美しい活字を使うほうが、効率もいいし気持ちもいい。また、若い人たちには想像もつかないだろうが、自分の文章を活字で編集でき、それを印刷して人に見せることができるということは、手書きの文章が主流の時代には大きな喜びであった。もちろん、悪筆も隠蔽できる。

3. **漢字は書けなくても再認できればいい。**手書きで文章を書いていたころは、書き方がわからない漢字があれば、国語辞典で調べて書いた。これはかなり面倒な作業であった。しかし、ワープロを使えばこの作業が不要になり、かな変換で表示される漢字候補から正しいものを選ぶだけで済むようになった。漢字を書けなくても再認さえできればいいのである。かな漢字変換機能のせいで漢字が書けなくなったという不満の声をしばしば耳にする。それでも、多くの人にとっては、漢字を書けなくなる弊害よりも、漢字を再認するだけで文章を書ける利便性のほうが大きいようである。

4. **推敲支援機能を利用できる。**単語のスペルや簡単な文法をワープロにチェックさせて、修正を施すこともできる。編集履歴を表示する機能も文章の推敲に便利だ。

　その他、ワープロには、レイアウトやデザインを変更できる、テキストだけでなく写真や図表を挿入した文書を作成できる、あらかじめ用意された例文やテンプレートを利用して文書を簡単に作成できるなどの利点もある。「もうワープロなしには文章を書くことができない」という声もよく耳にする。実際のところ、著者たちもそうだ。それほど、ワープロは「書く」ための道具として、身近で欠くことのできないものとなった。なお、プロの作家たちは、いまでも手書きで原稿を書いているようなイメージがあるが、彼らの間でも、ワープロを使ったライティングのスタイルは着実に浸透している（柴田・大村，2010b）。

　文字入力のための新しい技術も普及してきた。音声入力は口述筆記の役

11

割をコンピュータに代替させたもので、人間の音声を認識して、テキスト化する。音声入力なので手が疲れることがないし、またキーボード入力が苦手な人や視覚障害者でもテキスト入力が可能である。

　また、デジタルの手書き入力、すなわち紙のノートにペンで手書きを行うのと同じように、ディスプレイ上のデジタルノートに、デジタルペンやスタイラスを使って、文字を書いたり、イラストを描けるツールも流通しつつある。これを使えば、手書きで文字や絵を書ける（あるいは、描ける）だけでなく、ディスプレイ上の文書に手書きでコメントを追記したりできる。手書き文字を認識して活字化できる機能を備えたデジタルノートもある。現状では、デジタルペンは書きやすさや操作性、手書きの認識の精度に難があるが、これらは、今後しだいに改善されていくはずだ。まだ研究段階にあるが、人工知能（AI）の進展によって、人間がテーマと断片的な素材を提供するだけで、読みやすい文章を生成したり、物語を創作するような技術も出てくるだろう。

第 1 章　デジタル時代の読み書き

3　ウェブへの過剰な依存と認知機能の変容

　前節で述べたように、読み書きのための電子環境は、紙とペンでは実現できなかった数々の利便性を提供する。しかし、利便性の代償として失ってしまうものはないのだろうか。もしそれが人間の認知機能にかかわるものならば、取り返しのつかない問題になる。

　メディア思想家のマクルーハンは、新たなメディアは人の考え方を変えると主張した（McLuhan & McLugan, 1988）。実際、ウェブの出現により、現代人の読み方が大きく変わったという指摘が多くの研究者によりなされている（Liu, 2005 ; Jamali et al., 2009）。

　サンノゼ州立大学の劉（Liu, 2005）は、2003 年秋に、アメリカ在住の 30 歳から 45 歳までの社会人と大学院生 113 名に対して、読むという行為が 10 年前と比べてどのように変わったかを調査した。**図 1** が、その集計結果である。10 年前に比べて、目的なしにざっと眺めて興味深い部分だけを読む斜め読み、何らかの目標を見つけるためにざっと目を走らせる走り読み、キーワードを拾うだけの拾い読み、再読をしない 1 回きりの読み、特定の部分のみ選択的に読む部分読み、リンクをたどってページをジャンプする読み方は大幅に増えた。これに対して、長時間にわたって注意を持続する読み、精読、没頭する読み方は減少した。一言で言えば、断片的な「浅い読み」が増えて、内容を深く理解するための「深い読み」が減少した。

　この変化は、それほど驚くべきものではない。すでに 2003 年の調査時点で、調査対象の人たちがウェブを利用して情報を閲覧する機会が大幅に増えたのに対して、その分、逆に紙の本を読むことが減ったことを、この結果は反映したものだと解釈できる。すなわち、この読み方の違いは、ウェブの閲覧の仕方と紙の本の読み方の違いをそのまま反映したものである。

13

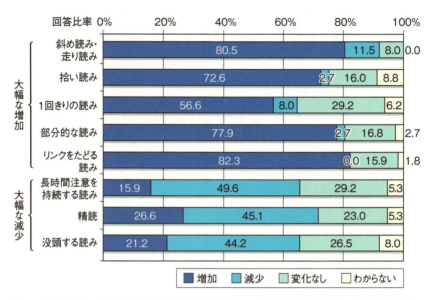

図1 電子メディアの浸透に伴う読み方の変化：10年前との比較（Liu, 2005 のデータをもとに作成）

　ウェブの閲覧と紙の本の読書では、目的が異なり、当然読み方（テキストに対する処理の仕方）も異なる。ウェブの利用目的は、情報検索が中心であり、何らかの疑問に対して答えとなる情報を獲得することである。答えを「探す」という作業に、深い読みなどそもそも必要ないだろう。それのどこが問題なのだろうか。ここで、紙メディア擁護派たちの見解を紹介しよう。

　サルナラヤナン（Thirunarayanan, 2003）は『考える人からクリックする人へ』という短い論文のなかで、ウェブに依存しすぎることの危険性を次のように指摘する。彼は「ウェブの利用が増えてくると、クリックしてウェブを漂流する行動が深く染み込んでしまい、無目的なサイバースペース上の漂流者たちが、やがて、よく考える人たちにとって代わるようになる」と言う。彼は、本を読むこととウェブを閲覧することは、根本的に異

なる行為だと言う。そして、ウェブは考えることを人から奪うものと断じる。彼は続ける。

　単純な紙の本は、洗練されたウェブよりもずっと考えることを促す。本にその人の求める情報が書かれていなければ、必要な情報は演繹的に推論、あるいは想像されることになる。すなわち、足りない情報を人の思考が補うわけである。1冊の本を読んでも疑問が晴れなければ、人は答えを求めて第2、第3の本を読まなければならない。本は、ある意味、スローなメディアである。疑問に答えてくれる本を手に入れるまで、人はそのことについて深く考えたり、疑問を洗練化したりする時間を持つことになる。

　ウェブの場合には、話が全然違ってくる。考えるよりもクリックが優先される。誰かがレポートを読んで、その内容について疑問を持ったとしよう。答えはクリックによって得られる。瞬時に答えが得られるウェブの特徴は、人間の思考を促すツールとして機能しないのだ。クリックひとつで答えが得られるのに、あえてそれを考え、自分の力で答えを得ようとする人など果たしているだろうか（Thirunarayanan, 2003）。

　ウェブに頼りすぎることは、人間の記憶にも悪影響を与えることを示す証拠もある。ハーバード大学のスパローら（Sparrow et al., 2011）は、人が難しい問題に直面したとき、反射的にウェブを頼るようになるとともに、ウェブに頼って見つけた情報を記憶しようとせずに、むしろ情報の探し方を覚えるようになることを実験的に検証し、これを「グーグル効果」と名づけた。

　人は情報が外部にあることを知っていると、その内容を覚えようとはせず、情報そのものより情報の置き場所、すなわちコンピュータでの情報の探し方を覚えるようになるのである。ひと昔前の言葉では「私は知らないが、知っている人を知っている」という状態である。それ自体は決して責められることではない。しかし、全てがポインタの知識だけだと、必要なときに情報の参照はできるが、情報操作が表面的になるため、それを用い

て問題を解決したり、何かを創造することへとつなげるのは難しい。

　問題はまだある。劉の研究でも明らかなように、ウェブの過剰な閲覧によって、紙の書籍を深く読む機会が急激に減っている。それによって、深い読みが必要なときにもそれができなくなってしまっては、無視できない問題となる。そして、もっと危惧すべきことは、深い読みがまったくできない世代が育ってきてしまうことだ。『ネットバカ』の著者であるジャーナリストのカー（Carr, 2010）は、こうした傾向が自分自身に起こっていることを以下のように告白する。

　　わたしはいま、以前とは違う方法で思考している。そのことを最も感じるのは文章を読んでいるときだ。書物なり、長い文章なりに、かつては簡単に没頭できた。物語のひねりや議論の転換にはっとしたり、長い文を何時間もかけて楽しんだりしたものだ。いまではそんなことはめったにない。一、二ページも読めばもう集中が散漫になってくる。そわそわし、話の筋がわからなくなり、別のことをしようとしはじめる。ともすればさまよい出ていこうとする脳を、絶えずテクストへ引き戻しているような感じだ。かつては当たり前にできていた深い読みが、いまでは苦労をともなうものになっている。（Carr, 2010）

　こうした問題の主な原因は、すでに述べたように、電子環境に慣れてウェブから簡単に答えを探せるようになったためであり、その結果として考えたり、深く読むというスキルが衰退したためだと考えられる。しかし、電子メディアそのものに深い読みを妨げる要因があるとは考えられないだろうか。これは、メディアのデザインにかかわる問題である。もし、現状の電子メディアに読みを阻害する要因があるなら、人がいくら深い読みを心がけたとしても、決して目的が達成されることはないだろう。

　実は、電子メディアが深い読みを阻害する、あるいは読みの体験を軽薄

なものにしてしまうとする主張が多方面からなされている。2012年にタイム誌に掲載された電子書籍リーダーでの読書に関するエッセイでは「キンドルでミステリー小説を読んだが、登場人物の名前を思い出すのが難しかった。紙の書籍ではこんなことは感じたことがないのに」という記者の体験談が報告されている（Szalavitz, 2012）。同時に、オンラインでの読みは紙での読みに比べて遅くなるというグーグルの創始者であるラリー・ページの見解も紹介されている。

　東京大学で言語脳科学を研究する酒井氏は『脳を創る読書』と題した本のなかで、読んだ本に対する印象が紙の書籍と電子書籍で全く異なることを指摘している（酒井，2011）。「紙の本は手がかりが豊富だから、お気に入りの本も、気に入らず手放してしまった本も、はっきりとした印象として記憶に残っている。どんなに表紙が色褪せても、脳裏には元の表紙の色やデザインまでがはっきりと思い出せるくらいである。これが電子書籍のファイルだったら、そうした感慨は全く湧かないと思う」と指摘する。

　こうした見解はいずれも個人的な体験にもとづくものだが、実際のところはどうなのだろうか。科学的に検証できるのだろうか。また、こうした現象を検証できるとするなら、電子メディアの問題は、どのような状況で生じるのだろうか。こうした疑問を明らかにすることは、状況に応じて適切なメディアを選択するために、そして電子メディアを改善してデジタルでの読み書きをよりよいものにするためにも、必要なことである。

本書の位置づけ

　冒頭で述べたように、紙から電子メディアへの転換は大きな潮流であり、おそらくその流れを変えることはもはやできない。電子化のメリットは、一見したところ誰の目にもわかりやすく、明るい未来を約束してくれるように思える。しかし同時に、話を単純化しすぎているように思える。すなわち、そのメリットの大きさのために、電子化の問題点が見過ごされ（逆に言うと、紙が果たしている役割の大きさが軽視され）、何が何でも電子的手段に代替するのが好ましい、あるいはスマートだという考え方に陥ってしまっているのではなかろうか。しかし、やみくもな電子化への動きについて、私たちは以下の2つの問題を感じている。

　第1の問題は、紙と電子メディアの比較において、紙にはなかった電子的な機能のみが強調され、肝心の読み書きのパフォーマンスやワークスタイルへの影響が考慮されていない点である。通常、紙から電子メディアへの置き換えを行うと、それに伴って読み書きの仕方やプロセスが変化する。さらには読み書きのスピードや理解度、記憶の持続性といった読み書きのパフォーマンスも変化する。人間とコンテンツとの接点が変化するのだから、これは当然のことである。にもかかわらず、電子化に向けた世の中の動きには、この点がほとんど考慮されていないように思う。換言すれば、多くの人たち、特に電子化推進派の人たちは、紙を電子メディアに置き換えることによる人の認知能力や働き方、働く環境に与えるだろうリスクやコストをほとんど無視しているか、過小評価しているのである。

　第2の問題は、電子化に期待を寄せる楽観的な社会通念的な考えや、逆に過度な電子化に警鐘を鳴らす紙擁護派の見解は、大雑把で定性的な議論が多く、科学的な視点が欠落している点である。ここで言う科学的な視点

とは、次の3点を指す。まずは目的と状況を特定した「ミクロな分析」が必要である。一言に読み書きといっても、そこには多様な目的と状況があり、これらをひとくくりにしてどちらがよいかを議論することは本来意味がない。論点を明確にしないと、かみ合わない議論が延々と続くだけである。次に、目的や状況を定め、それに応じて実験条件を統制する「客観的なデータ取得」が必要である。最後に、定めた条件のもとで、紙と電子メディアのどちらがどれほどよいのか、その程度を数値でもって明らかにする「定量的な分析」が望まれる。個人的な体験や好みも意思決定の重要な要素であることは間違いないが、組織や国の未来にかかわる重要な意思決定では科学的な手法にもとづくデータの取得と考察が望まれる。

　科学のあるべき姿を偉そうに述べたが、これらはいずれも物事の良し悪しを比較するうえでの必須要件であり、科学者なら誰もが知っていることである。にもかかわらず、紙については、利用者視点からの科学的分析がなされることは近年までほとんどなかった（物質レベルでの分析は多数なされてきたが）。これは、紙があまりに長い期間（2000年以上）にわたって、読み書きのメディアとして、他の追従を許さない優位性を保持してきたからだと思う。すなわち、紙が読み書きメディアの絶対的王者として君臨しており、客観的・定量的な比較をする必要すらなかったのである。それが今、電子メディアの出現により、紙の優位性が大きく揺らいでいる。いよいよ、紙と電子メディアの価値・効用が科学的に分析されるべき時が来たと言えるのではないだろうか。

　紙と電子メディアの各々の価値を科学的に明らかにするため、本書では主に実験心理学的な手法を援用する。そして、私たちが行ってきた調査や実験を中心に、そしてもちろん他の優れた研究成果を交えながら、紙と電子メディアの比較研究を紹介する。こうした知見をふまえて、読み書きにおける紙と電子メディアのメリットとデメリットを、できるだけ公正で冷徹な目で記述していきたい。そして、最後に、未来に向けての私たちの

メッセージを提言として述べる。

　すでに述べたように、電子メディアにはさまざまな利点がある。しかし、それを解説する良書は多数あり、一般的な認識としてすでに定着している。したがって、本書では電子メディアの利点に隠れてしばしば見過ごされてきた紙の魅力に焦点を当てる。現代の電子化一辺倒の流れにおいて、本書が、紙の魅力を見直し、読み書きのメディアとしてこれまでに紙が果たしてきた役割の重要性を再認識するきっかけとなれば幸いである。

第2章

さまざまな
表示メディアと
その特性

紙は読み書きの媒体として 2000 年以上にわたって利用されてきた。その紙と対比されるのは、20 世紀の後半に登場したコンピュータディスプレイ、タブレット、スマートフォン、電子書籍リーダーなどの電子メディアである。

　メディアの読み書きへの影響を調べることが本書の中心的な課題であるため、まずは多様なメディアを概観し、技術的、機能的な特徴を把握しておきたいと思う。

第 2 章　さまざまな表示メディアとその特性

1　紙

　まずは紙の話から始めたい。紙での読み書きは本書の中心的な話題であるため、紙の役割や性質については少し詳細に述べる。

　世界最古の紙と言われる放馬灘紙が中国で作られたのは、紀元前 170 年のことである[2]。以来、2000 年以上の歳月をかけて、紙は私たちの生活にとって欠かすことのできないものとして浸透してきた。書籍、雑誌、新聞、はがき、チラシ、ティッシュペーパー、トイレットペーパー、包装紙、牛乳パック、段ボールの箱など、業務や日常生活のなかで私たちは実に多くの紙製品に囲まれている。

　紙は毎日接する身近な存在であるが、私たちは紙から受ける恩恵ほどには紙のことをよく知らない。紙とは何か。まずは紙の定義から話を始める。次いで、紙の種類と役割、紙の物理特性とそれがもたらす性質を述べる。

1.1　紙の定義

　紙は英語でペーパー（paper）である。語源は、紀元前 3000 年頃から古代エジプト、古代ギリシャで利用されてきたパピルス（papyrus）にある。パピルスはエジプトに生息する背の高い葦の草であり、その茎を開いて、たたいて伸ばしてから、複数枚を縦横に貼り合わせて紙のようなシートにする。パピルスで作られたこのシートにはさまざまな絵や記号が記述され、

---

[2]　紙は印刷、羅針盤、火薬に並ぶ中国四大発明のひとつである。紙の起源にはいくつか説がある（尾鍋ら、2006）。中国の歴史書である『後漢書』によると、105 年に蔡倫が木の皮、麻、麻のボロ、魚網を原料に紙を作って皇帝に献上し、蔡倫紙と呼ばれたとある（紙の博物館、2007）。ただし、これ以前にも中国で紙が作られていたことが明らかになっており、最も古いものが放馬灘紙であるとされている。

23

情報の保存、伝達を容易にし、文明の発展に貢献してきた。ドイツ語で紙は papier（発音はパピーア）、フランス語でも papier（こちらの発音はパピエ）であり、いずれもパピルスが語源である。情報の保存と伝達に果たしたパピルスの役割の大きさをうかがい知ることができる。しかし、後で述べるように、パピルスは実は紙ではない。

　日本工業規格（JIS）によると、紙の定義は「植物繊維その他の繊維を膠着させて製造したもの。なお、広義には、素材としての合成高分子物質を用いて製造した合成紙の他、繊維状無機材料を配合した紙を含む」となっている。砕いたり、化学薬品を利用するなどして、植物[※3]から粘着状の繊維（いわゆるパルプ）を取り出し、それを絡め合わせて薄いシートを作る[※4]。これが紙だ。

　この定義に従うなら、植物をばらして繊維を取り出すことなく、植物の茎を開いてそのままシートとして利用しているパピルスは紙ではないことになる。むしろ、広義には植物以外の材料でも繊維状のものを絡め合わせてシートにしたものであれば紙と呼べる。ステンレス、ガラス、ポリエステル、石灰石で作られた紙も現実に存在する。

1.2　紙の役割と種類

　紙の機能的な役割は大きく3種類あり、「書く（Write）」「拭く（Wipe）」「包む（Wrap）」である。頭文字を取って「3W」とも呼ばれている。「書く」

[※3]　紙（洋紙）の主な原料は木である。概して、針葉樹は繊維が長いため丈夫な紙になる。紙の原料として利用されている代表的な針葉樹はスギやヒノキである。これに対して広葉樹は繊維が細いため、表面がきめ細かくなる。代表例はユーカリやアカシアなどだ。和紙の原料は、楮、三椏、雁皮である。その他、紙の原料として、竹、わら、麻などが利用されることもある。紙の原料の詳細については、文献（王子製紙, 2009）を参照していただきたい。

[※4]　最終製品である紙を使うユーザの多様なニーズに応えるため、パルプの作り方、パルプから紙の作り方については多様なバリエーションがある。紙の製造工程について興味のある人には文献（王子製紙, 2009）を薦める。

第2章 さまざまな表示メディアとその特性

は情報を記録して保存・伝達する紙の機能である。書くのは見るためでもあるので、閲覧の機能もこれに含まれる。新聞、雑誌、書籍、手紙、チラシなどがこれにあたる。「拭く」は汚れや水分を拭き取る機能であり、ティッシュペーパー、トイレットペーパー、紙おむつなどがこれにあたる。「包む」はモノを包む機能で、デパートで利用する包装紙、商品のパッケージ、紙袋、段ボール箱などがこれにあたる。このうち、本書が対象にするのは、「書く」ための紙である。

次に、「書く」ための紙が紙全体の中でどのような位置づけになるのかを把握するため、紙を製品の観点から分類する。最初に、紙は和紙と洋紙に大別できる。現在、和紙は障子、書道、美術工芸用などに活用され、どちらかというと高級品として位置づけられている[5]。そして、日本における紙の生産量の大半は洋紙であり、和紙の生産量は紙全体のわずか0.3%にすぎない。

さらに、**図2**に示すように、洋紙は紙と板紙に分類される。簡単に言えば、薄い洋紙が「紙」で、厚い洋紙が「板紙」である。これに利用目的が加味され、1平方メートルあたりの洋紙の重さ（坪量）と利用目的から紙と板紙に分類される。板紙の例は、段ボール、紙パック、建材として利用される壁紙などである。経済産業省が提供する2017年度の統計によれば、洋紙全体の55.0%が紙、45.0%が板紙である。一般に、単に紙と言った場合は、板紙以外の洋紙を指すことが多い。本書でも単に紙と述べた場合は板紙でない洋紙を指すものとする。

---

[5] ※3で述べたとおり、和紙の主な原料は楮、三椏、雁皮の皮である。和紙は繊維の長い皮を材料に、繊維を絡めて接着させるネリ（植物性の粘着剤）を使って流し漉きで作るため、薄くて丈夫な紙になる。化学薬品を利用しない中性紙のため、年月を経てもあまり変色しない。奈良の正倉院には、702年の戸籍が1300年たった今でも保存されている。「洋紙は100年、和紙は1000年」と呼ばれる所以であり、和紙はまさに世界に誇れる紙である。参考までに、日本の紙幣は三椏で作られた和紙でできている。他国の紙幣は財布からの出し入れを繰り返すと簡単にお札がボロボロになるが、日本の紙幣はそんなことはない。和紙は丈夫だと改めて理解できるだろう。

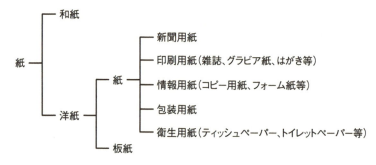

図2　紙の種類の分類

　さらに、紙（すなわち、板紙以外の洋紙）は、「新聞用紙」、雑誌、グラビア紙、はがきなどの「印刷用紙」、コピーやプリントで利用されるコピー用紙、業務用プリントで利用されるフォーム紙などの「情報用紙」、商品を包む「包装用紙」、ティッシュペーパーやトイレットペーパーなどの「衛生用紙」に分類される。

　図3は、2017年1月から12月までの紙の生産量の割合をグラフ化した

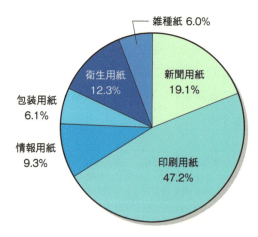

図3　2017年の紙の生産量の割合（2017年度経済産業省生産動態統計年報のデータから作成）

ものである。本書が取り扱う「書く」ための紙は新聞用紙、印刷用紙、情報用紙であり、これが紙全体の 75.6% を占める。参考までに、「拭く」ための紙は衛生用紙であり紙全体の 12.3% を、「包む」ための紙は包装用紙であり紙全体の 6.1% を占める。現状では、紙の多くは「書く」ために（あるいは、情報を見る、読む、保存するために）使われていることがわかる。

1.3　紙の物理特性

紙が繊維を集めて作ったシートだということが、読み書きに都合のよいさまざまな性質を生み出している。ここでは、紙の物理特性がもたらす紙の性質について、本書の扱う範囲である「読み書きメディアとしての紙」に関係の深い性質を取り上げて議論する。

最初に、紙はたくさんの繊維を複雑に絡め合わせて作られているため、表面がざらざらしている。したがって、鉛筆で紙の上に書き込むときに適度な摩擦が生じ、これが快適な書き心地を生み出すことになる。また、紙の上で鉛筆をすべらせるとき、紙のざらざらの表面が鉛筆の芯を削り取る。そして、繊維の間に鉛筆の芯が定着され、紙の上に情報を残すことができる。逆に、消しゴムで紙の表面をこすると、消しゴムのかすが繊維の中に入り込んだ鉛筆の芯を回収し、書き込んだ情報を消すことができる。

一方、ボールペンや万年筆、ペン、筆などで紙に字が書けるのは、これとは違う原理による。紙は繊維が重なり合って結合し、層を形成している。繊維と繊維の間の細かな隙間に水分が吸い上げられる毛細管現象を利用して、インクを紙に定着させる。印刷機による印刷も、基本的には同じ原理による。さらに、繊維の隙間を通して、わずかであるが紙の間を空気が通る。これにより、紙の水分が外に逃げ、インクが定着しやすくなる。

書き心地がよい、綺麗に書き込むことができる、あるいはインクの乗りがよいなどの現象は、いずれも紙と鉛筆やペンの物理的な相性により決定

される。

　また、紙は表面がざらざらしていて平面が均質でないことから、図4に示すように紙に入り込む光が均質に反射するのではなく、拡散することになる。これにより、光の反射が強すぎない、まぶしくない表面になる。電子ディスプレイのように自ら発光することはないので鮮やかで光沢のある情報を表示するには適さないが、文章を読むときのように表示をじっくりと見るには光の反射が拡散された読みやすい表面になる。

平らな面に対する鏡面反射　　　凹凸面に対する拡散反射

図4　紙の表面での光の乱反射

　これに対して、同じ紙でも写真やカレンダーなどに利用する紙は、表面にツヤがあり、つるつるしている。これは紙の表面に塗料を塗って、平面の凹凸をなくし、平滑化しているためだ（いわゆるグラビア用紙であり、塗工紙とも言う）。このような紙では輝きのある鮮やかな表示が可能だが、光が均質に反射するため、光の入る角度をうまく調整しないとまぶしくて読めないことがある。

　たいていの場合、紙の繊維の並ぶ方向には一定の偏りがある。それは紙を作る機械（抄紙機）での流れ作業の最中に、水に分散されたパルプが高速に流れるワイヤー上に噴射され、高速で乾燥されるため、機械の進行方向に繊維がそろいやすいためだ（図5）。そして、この繊維の流れる方向（製造過程で機械の進む方向）が紙の縦方向である。

　繊維は縦方向に並ぶため、紙は縦方向に腰が強い。すなわち、紙は縦方向に曲がりにくく、横方向に曲がりやすい。書籍を作る際、ほとんどの書

第 2 章　さまざまな表示メディアとその特性

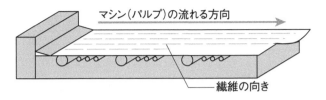

図 5　抄紙機の流れと紙の縦方向

籍は紙の縦方向が上下になるように作られる（**図 6**）。そのほうが紙のシートが横方向にしなやかに湾曲するようになり、ページをめくりやすくなるためである。

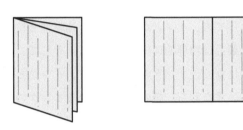

図 6　書籍と紙の縦方向

　さらに、紙は繊維の隙間に水を吸収する（吸水性と言う）。これにより、インクが繊維の隙間に入り込んで、紙にペンで描くことが可能になる。また、指で触れたときに指先の水分が紙にわずかに吸収され、指が紙に吸い付くようなしっとり感が生じる。これが指と紙の一体感をもたらし、手で触ったときの紙の扱いやすさ、さらにはページのめくりやすさをもたらすことになる。紙の手触り感は、紙の表面の凹凸と紙の保湿性からもたらされているのだ。参考までに、水を吸収するという紙の性質を最大限に活用するために開発されたものが、ティッシュペーパーやトイレットペーパーである。
　もうひとつ紙の大事な性質として通気性がある。繊維の隙間を通して、

わずかではあるが紙の間を空気が通る。これにより紙の水分が外に逃げ、インクが定着しやすくなる。また、通気性があることにより、紙は長期にわたって保存できるようになる。障子紙は通気性のある仕切りとして日本で古くから利用されてきた。ガラスやステンレスを繊維状にして、それを絡め合わせて作ったシートも広義の紙であるが、こうした製品はいずれも紙の持つ通気性の性質を求めて開発されたものである。

　まとめると、紙は書き込みしやすく、見やすく、束ねたときにページをめくりやすく、保存性に優れている（火や水に弱いので耐久性には優れていないが）、という性質を持つ。そして、それは長い歴史の中で積み重ねられた技術的進歩のうえに成り立っている。インクの乗りをよくするという点ひとつを取り上げても、インクがにじまず、速乾性を持ち、裏映りしないことを現状の紙製品は物理的に保障している。そして、それは紙だけで実現されることではなく、インクの力も借りて、インクとともに共進化してきた結果である。すなわち、紙の発展が新たなインクの開発を促し、インクの発展や新たなインクの登場が紙の発展を促してきた。現在の紙の姿は、他の筆記用具とともに、読み書きを快適にするために、長い歴史のなかで少しずつ改良を積み重ねてきた結果である。

第 2 章　さまざまな表示メディアとその特性

2 電子メディア

　コンピュータディスプレイ、タブレット、スマートフォン、電子書籍リーダーなどの電子機器は電子メディアと呼ばれる。これは情報の表示媒体としての機能的側面を重視した呼び方である。モノとしての物理的側面を重視したい場合、これらを「電子デバイス」または「デジタルデバイス」と呼ぶ。

　さらには、電子デバイスの表示面と外形（カバーを含む）とを区別するほうが、今後の議論のために都合がよい。例えば、スマートフォンでは外形が同じでも、表示面に液晶パネルを用いたものと電子ペーパーを用いたものとでは見た目も操作感も大きく異なる。また、同じ液晶パネルを用いた電子デバイスでも、ノート PC のようにキーボードとタッチパッドで操作するものと、タブレットのようにキーボードがなくタッチで操作するものとでは操作方法からして異なる。したがって、表示用の電子機器の表示面の部分を特に「表示パネル」と呼んで、外形や入力デバイスを含めた表現である電子デバイスと区別する。

　本節の以降では、主要な表示パネルと電子デバイスの例を紹介する。

2.1　表示パネル

　90 年代前半までディスプレイは大きくて重かった。主役は「ブラウン管ディスプレイ（Cathode Ray Tube：CRT）」であった。基本原理はブラウン管テレビと同じであり、大きな真空管の奥に備えつけた電子銃から電子ビームを発射し、表示面の蛍光幕に衝突させて発光させる。そのために奥行きが必要であり、大きくならざるを得なかった。

31

その後、ノートPCの普及に伴い、薄型のディスプレイに対するニーズが高まり、「液晶ディスプレイ（Liquid Crystal Display：LCD）」が広く利用されるようになった。液晶ディスプレイは固体と液体の中間的な状態である液晶が、電圧によって分子の並び方を変化させる性質を利用して画像を作る。液晶物質そのものは発光しないため、背後に蛍光灯やLEDなどの光源を設置して、光を遮ったり通したりすることで像を映し出すバックライト方式を採用している。

　近年、液晶ディスプレイに比べて高輝度、高コントラストで綺麗な画質を表示できるパネルとして「有機ELディスプレイ（Organic Light Emitting Diode Display：OLED）」が注目されている。有機EL（Organic Electro-Luminescence）という自ら光を出す発光体を利用するため、バックライトが不要であり、高速な描画が可能である。さらには、バックライトが不要なことから、パネルの背後に光源を置く必要がなく、液晶ディスプレイ以上の薄型化、省電力化も可能である。液晶ディスプレイに代わる次世代の表示パネルとして期待されている。まだ値段は高いが、スマートフォンや大型テレビで有機ELディスプレイを採用した製品も市場に出始めている。

　これまで紹介してきたディスプレイが「高画質なテレビ」の発想で作られてきたのに対して、「電子ペーパー（Electronic Paper：EP）」は「書き換え可能な紙」をコンセプトに開発が進められてきた（面谷，2003）。紙並みの見やすさと読みやすさを追求し、バックライトや自発光で情報を表示する発光型のディスプレイではなく、反射した光を利用して情報表示を可能にする反射型のディスプレイである[6]。したがって、自然光のもと屋外で

※6　実は電子ペーパーを実現する技術には複数のものがあり、各々にその特徴は少しずつ異なる（前田，2012）。ここではキンドルを代表とする各種電子書籍リーダー（詳細は後で説明）の表示パネルにも採用されているマイクロカプセル電気泳動方式の技術による電子ペーパーを想定している。

第2章 さまざまな表示メディアとその特性

も読むことができる。また、目にもやさしいとされている。電力供給がなくても情報を表示し続けることが可能なためパネルは省電力で、薄くて、軽くて、フレキシブルである。後で詳細に述べる電子書籍リーダーでの表示パネルとして広く採用されており、活字を読むのに目が疲れないパネルとして定評がある。

表1は液晶ディスプレイ、有機ELディスプレイ、電子ペーパー、紙の4種類の表示パネルの特性を比較したものである。紙は情報量に比例してページ数が増えるため、情報量が多くなると重くなるし、厚くなる。また、書き換えできないため、リアルタイムでの情報更新や動画表示はできない。電子ペーパーは発光型のパネルではないため、屋内・屋外での視認性が高く、紙に似た性質を持つ。情報量が増えても重さ・厚さが変わらない、情報の書き換えが可能だという点が紙に対するアドバンテージである。液晶ディ

表1　表示パネルの特性比較

		液晶	有機EL	電子ペーパー	紙
表示	カラー	○	○	△	○
	コントラスト	○	◎	△	△
	書き換え	○	○	○	×
	動画	○	◎	×	×
視認性	カラー	○	○	△	○
	屋内	○	○	○	○
	屋外	×	×	◎	◎
重さ	少頁数	△	△	○	◎
	多頁数	△	△	○	×
薄さ	少頁数	△	△	○	◎
	多頁数	△	△	○	×
湾曲性		×	×	○	◎
コスト		△	×	○	◎

33

スプレイと有機 EL ディスプレイは、ともに発光型のため屋外での情報表示には向かないが、表示の書き換えが高速なため動画表示が可能である。

2.2 電子デバイス

今度は、紙との比較対象である電子デバイスとして、デスクトップ PC、ノート PC、テーブルトップ PC、タブレット、スマートフォン、電子書籍リーダーなどの特性を比較する。いずれも説明が不要なくらい広く知られているが、確認の意味も込めて各々のデバイスについて、簡単な説明を行う。

文書表示用の電子デバイスとして、最初に紹介するのはデスクトップ PC である。かつては CRT ディスプレイが主流だったが、現在はほとんどがフラットな LCD ディスプレイを利用している。ディスプレイは大画面化が進み、つい 10 年ほど前までは 20 インチ以下が主流だったが、現在では 20 インチ以下のディスプレイはほとんど見かけなくなった。

持ち歩くことを前提としたノート PC は、本体、キーボード、ディスプレイが一緒になった一体型のデバイスである。ディスプレイサイズが 11 インチ以下のモバイルサイズ、12～14 インチの B5 サイズ、15 インチ以上の A4 サイズに分類される。

テーブルトップ PC は水平にして複数人で利用することを前提にした PC である。テーブル状の水平な画面を取り囲んで、議論したり、写真を共有したり、ゲームをするのに利用される。

スマートフォンは 2007 年の iPhone の発売を機に普及が広がった。小画面向けのコンテンツ操作方法として、タッチ操作をベースとした操作技法が導入された。スワイプによるページめくり、ピンチ操作による拡大・縮小、テキストのフリック入力や音声入力などの機能を備える。小画面でテキストを可読にするために、ベクトル表現のフォントも開発された。

34

タブレットは、Apple 社が iPhone に次いで発売した iPad の成功により、そのニーズが開拓された。デスクトップ PC やノート PC のようにマウスやキーボードを使うことなく、タッチでの操作が可能である。画面はスマートフォンより大きく、書籍や雑誌を読むのに十分な画面スペースが与えられている。電子書籍の市場に入り込むことを狙いとしたデバイスでもあった。

電子書籍リーダーは電子書籍の閲覧に特化したデバイスである。2000年以降、ソニーの LIBRIe、Sony Reader など、反射型で目にやさしく、屋外でも読める電子ペーパーを表示パネルとして採用したデバイスが登場した。ビジネスとして成功を収め、現在の電子書籍リーダーのひな型を作ったのは前出のアマゾン社のキンドルだった。アマゾン社が提供する豊富なコンテンツを背景に、コンテンツを入手するための通信機能を備えていた。表示パネルには電子ペーパーを採用し、軽量・薄型で読むことだけに集中できるようシンプルなデザインが特徴である（石川，2010）。

これらの表示用の電子デバイスの機能性の比較を**表2**に示す。個々のデバイスでの代表的な商品、パネルの種類、サイズ、重さ、操作方法を整理した。

表2 表示用電子デバイスの特性

	デスクトップPC	ノートPC	テーブルトップ	タブレット	スマートフォン	電子書籍専用リーダー
代表的な商品	多数		PixelSense	iPad シリーズ	iPhone シリーズ	Kindle シリーズ
パネルの種類	液晶パネル				液晶パネル 有機 EL パネル	電子ペーパー
パネルのサイズ	17インチ〜	9〜17インチ	20インチ〜	6〜13インチ	4〜6.5インチ	6〜7インチ
デバイスの重さ		1.2〜3.0kg	3.9kg〜	320〜770g	110〜230g	130〜220g
操作方法	キーボード、マウス	キーボード、タッチパッド	タッチ			

2.3 電子メディアの利用上の制約

　最後に、電子メディアの利用上の制約についても議論しておく必要があるだろう。いずれも、紙と電子メディアの比較論において、電子メディアの弱点としてしばしば指摘されるものである。電子メディアの利点だけでなく、弱点についても、この場で整理しておく。

　第1に、電子メディアは、情報を表示するのに、あるいは表示を切り替えるために電力を必要とする。逆に言えば、電源のない環境やバッテリーが切れた状態では、電子メディアは全く利用できなくなる。先日、著者のひとりが海外旅行にキンドルを持って行った際、電源コードを忘れてしまった。結果的に、使えないキンドルを1週間持ち運ぶはめになってしまった。

　第2に、通信機能が使えない環境や状況では、インターネットやネットワーク上のデータベースにアクセスできない。クラウドは便利だが、ネットワークにつなげなくては意味がない。また、ネットワークにつなげても、セキュリティの観点から一般的なクラウドにはアクセスを制限している組織も多い。

　第3に、快適で安全に利用するためには、OSやアプリケーションを最新に保つ必要がある。また、セキュリティ対策ソフトの更新も必要となる。これらの更新には手間がかかり、更新作業中にデバイスが利用できないこともある。

　第4に、情報漏洩の心配がある。もちろん、紙の情報も洩れる心配はあるが、電子メディアの場合には、大量の情報が流出しやすく、一旦流出すると拡散してしまう可能性があるという意味で、情報漏洩が発生した場合のリスクが高い。こうした問題を回避するために組織が投資しているセキュリティ対策の費用は、決して小さなものではない。

　第5に、一般的に、電子機器は、衝撃や振動、水没などに弱く、故障し

やすい。したがって、失敗できない大事なイベントでは予備的な対策が取られたり（別のデバイスを持ち歩いたり、紙に出力しておいたりなど）、故障時に復旧できるよう定期的なバックアップが必要になったりする。

　最後に、電子機器は付属品の購入に手間がかかり、また値段も高いことが多い。著者のひとりはデジタルノートとして電子ペーパーデバイスを愛用している。ある時、出張の際に付属ペンを忘れてしまい、出張中ずっとデジタルノートを使用できなかった。アナログペンは消耗品であり、なくしてもコンビニで買える。一時的な利用であれば、他人のペンを借りてもよい。デジタルペンの場合はそうはいかない。ウェブで購入して数日待つ必要があるし、値段も数千円する。先の海外旅行で無用のキンドルを持ち運ぶことになった例についても、電源コードがすぐに買えれば、大きな問題にはならないだろう。電子機器とその付属品はいつでもどこで買えるほどにコモディティ化していないし、人と貸し借りできるほど安価でもない。

　これに対して、紙にはそれほど厳しい利用上の制約はない。これは、紙とそれを取り巻く筆記用具が、技術的に成熟し、情報表示のインフラとして社会に浸透しているためである。もちろん、電子メディアのこうした制約もしだいに軽減されていくはずだが、文具並みの手軽さに至るにはまだ時間が必要である。

第3章

紙の読みやすさ・ディスプレイの読みにくさ

本章では、まず読むためのメディアとして紙が強く好まれている（逆に電子メディアは好まれていない）ことを示す調査結果について述べる。そして、その原因がどこにあるのかを要因分析により明らかにする。本章は、紙での読みやすさの要因を次章以降で深く掘り下げて検討していくための道しるべの役割を果たす。

第3章　紙の読みやすさ・ディスプレイの読みにくさ

 読むメディアとして紙は好まれている

　科学技術論文を書くとき、著者のひとりはPCでワードプロセッサを使って書くし、提出も電子的に行う。しかし、文章を読み直して、推敲・校正する場合には、たいてい紙に出力して読む。紙で読むことで全体を俯瞰でき、作業に集中できるように感じている。また、ディスプレイを目の前に文章を書いているときとは違う環境に身を置くことで、一読者の気分で客観的に文章を読むことができる。結果として大胆な修正が可能になり、誤りも多く見つけられるように思う。多くの場合、プリント用紙が真っ赤になるほど赤ペンで書き込みを行い、場合によっては目的に応じて色を変えて書き込む。プリントした原稿は常に持ち歩き、電車の中やカフェなどでのちょっとした空き時間を見つけてチェックを繰り返す。論文を書き終えるまで、多い場合だと数十回にわたって原稿をプリントすることもある。

　実は最近、技術評価の意図もあって、こうした場面ではA4サイズのソニー製電子ペーパーデバイスを意図的に利用している。大きくて見やすいし、軽い。スタイリッシュなデザインに愛着も感じている。それでも、ページを行き来したり、ページをぱらぱらめくるのが難しいため、文書全体の俯瞰が難しいし、付属のスタイラスペンの書き味も紙への書き込みの快適さには及ばない (Shibata et al., 2016)。やはりまだ紙の必要性を感じている。

　これは著者自身の経験について述べたものだが、文章を読み込んだり、一定の品質になるまで作り込んだりする過程において紙を利用したいと思うことは、程度の差はあれ、多くの人にも当てはまるのではないだろうか。オフィスの電子化が進んだ今、メールを読んだり、ウェブで検索した情報を閲覧する場合には、ディスプレイを用いて電子的に作業する人が多いだ

ろう。しかし、技術文書、外国語の文書の読みや校正においてしばしば見られるように、深く考えながら読んだり、注意深く読む必要がある場合には、人は紙に出力して読むことが多いように思う。

　実は、紙は読むためのメディアとして圧倒的な支持を得ている。このことを示すデータがある。2008年9月に私たちはオフィスワーカー826名を対象にウェブアンケート調査を実施した。**図7**は紙文書の読みやすさとディスプレイに表示された文書の読みやすさを比較したものである。0をニュートラル（読みにくくも読みやすくもない）とする−3（非常に悪い）から3（非常に良い）までの7段階の評価結果の平均である。2008年の古いデータではあるが、テキストを読むうえでのディスプレイの品質は現在でも当時とあまり変わらないため、この結果は現在でも大方当てはまると考えている。

　紙はディスプレイに比べて読書に没頭でき、内容を理解しやすく、記憶に残りやすいと評価されている。また、紙は多様な読み方を柔軟に支援し、精読・熟読をする場合でも、飛ばし読みする場合でも、複数の文書を相互参照する場合でも、説明しながら読む場合でも、概略を把握する場合でも、ディスプレイに比べて読みやすいと評価された。紙文書は読むときの姿勢を自由にでき、読書中の操作に関しても、ページの切り替えがしやすく、最初のページを開くのに時間を要さないと評価された。さらに、紙文書のほうが誤字脱字や文章のつながりの悪さをディスプレイよりも容易に検出でき、読書スピードも速く、また目の疲れも少ないと評価されている。ディスプレイのほうが紙よりも高く評価されたのは、暗がりで読むときくらいだった。

　紙は、読むためのメディアとして、ディスプレイと比べて強く好まれていることがわかる。紙に対する支持は、性別、年代、職種（営業職、事務職、技術職）を問わず変わりはなかった。

　なお、ディスプレイでの読みは、紙よりは評価が低いものの、多くの評

第3章 紙の読みやすさ・ディスプレイの読みにくさ

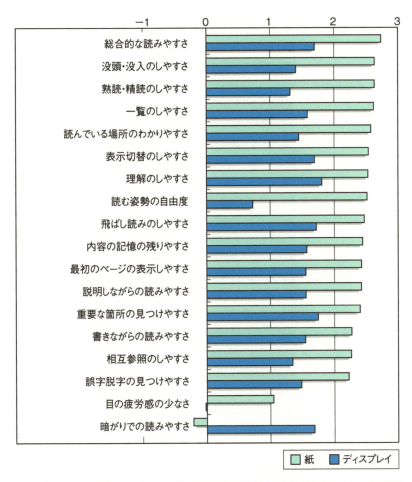

図7 紙とPCのディスプレイの読みやすさの比較結果（2008年9月、N=826）

価項目（18項目中の17項目）で中間点よりも高い評価を受けている。すなわち、ディスプレイでの読みも、比較的肯定的に評価されており、紙には及ばないものの「悪くはない」と思われているわけである。

　この調査ではオフィスワーカーが調査対象だった。しかし、オフィスワーカーにはさまざまな人がおり、電子機器を敬遠しがちな、いわば紙へ

43

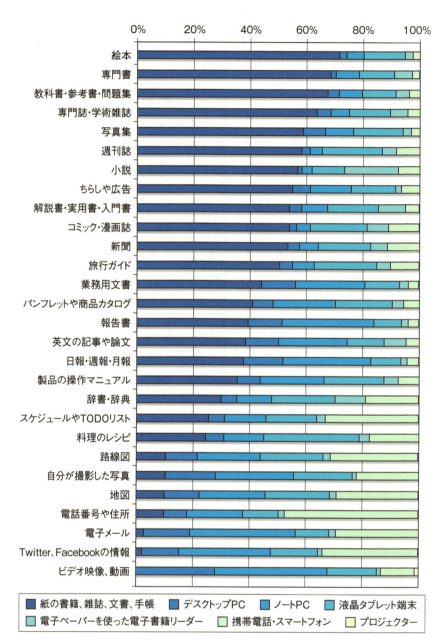

図8 文書ごとに最も読みやすいメディアの質問結果（2012年3月、N=554）

第3章　紙の読みやすさ・ディスプレイの読みにくさ

の愛着傾向の強い人も多いだろうと考える読者もいると思う。電子機器を積極的に活用する人を対象にすれば、紙を好む程度も違ったものになると考えることは自然なことだろう。

　そこで今度は、電子機器を積極的に活用する人を対象にした調査結果を報告する。**図8**は2012年3月に電子書籍リーダー、タブレット端末、スマートフォンなどの電子機器で日常的に読書を行っている554名を対象に調査した結果である。Kindle 2、iPadが発売された2010年は電子書籍元年と呼ばれている。その2年後の2012年の段階で電子機器を用いて日常的に読書を行っていることを考えると、調査対象者は新しい機器を好んで利用するアーリーアダプターだと言える。そういう人を対象に、文書ごとに、どのメディアが最も読みやすいのかを質問した。

　調査結果からわかるように、絵本や小説から、専門書、教科書、論文誌などの学術書、ちらし、広告、旅行ガイドなどの広告パンフレットに至る幅広い文書の閲覧において、紙は読むのに適したメディアと見なされている。電子機器を使いこなし、これらの端末で日常的に読書を行っている人でさえ、読むのに紙が最適だと考える状況が多数あることがわかる。こうした人たちは、読むためのメディアとして紙の価値を認めながらも、紙では提供されない電子データの利便性（携帯性、検索性など）を求めて電子メディアを使用していると考えられる。

45

2 ディスプレイの読みにくさの要因

　紙はなぜ読みやすいのだろうか。これは紙と対比した場合のディスプレイの読みにくさを調べてみればわかる。2008年3月にオフィスワーカー1,053名を対象に調査を行った。そこで、ディスプレイの読みにくさに関連すると思われる要因を列挙し、これらについてどの程度あてはまるかを調査参加者に評価してもらった。評価結果に因子分析[7]を適用したところ、**図9**に示すようにディスプレイの読みにくさの影響要因として3つの因子が抽出された。

　第1因子は画面発光がまぶしい、ちらつく、コントラストが強い、照明が映り込むなどの項目が含まれていた。これは「目にやさしくない表示特性」に関する因子と考えられる。

　第2因子は、ページ全体を適切なサイズで表示しきれない、文書を前面に表示する操作がわずらわしい、スクロールやページ切り替えがわずらわしい、手書きで書き込みできないなどの操作上の制約に関する項目、さらには同じ姿勢で画面を見なければならない、などの読書時の身体的拘束に関連した項目が含まれていた。これらは「操作・身体上の制約」に関する因子と考えられる。

　第3因子はカーソルの点滅が気になる、背景の画面、アイコン、ガジェットが邪魔、メニューやツールバーが気になるなど、読書活動への没頭や集中を妨げる視覚刺激に関する項目群である。これは「集中を乱す外乱」に関する因子と考えられる。

※7　因子分析（Factor analysis）は複数の変数に対する人の反応を多変量解析することで、これらの変数の背後にある隠れた変数（因子または潜在変数と言う）を導き出す分析手法である。今回の調査では20の変数を集約させ、3つの因子を導き出した。

第3章　紙の読みやすさ・ディスプレイの読みにくさ

読みにくい理由	因子1	因子2	因子3	
白い文書領域がまぶしい	**0.83**	0.01	-0.03	
画面からの白光が強くてまぶしい	**0.77**	0.09	-0.17	
画面が明るく背景が暗いために、読みにくい	**0.72**	0.02	0.01	因子1: 目にやさしくない表示特性
コントラストが強すぎたり弱すぎる	**0.67**	-0.03	0.22	
画面がちらつく	**0.65**	0.08	0.03	
画面の明るさが不均一	**0.64**	-0.07	0.28	
照明が映り込む	**0.56**	0.04	0.08	
手書きでの書き込みや印がつけられない	-0.02	**0.81**	-0.10	
スクロール操作やページ切り替え操作がわずらわしい	0.00	**0.73**	0.09	
どこの行を読んでいるかわかりにくい	0.09	**0.71**	-0.07	
手でページめくりができない	-0.06	**0.68**	0.16	因子2: 操作・身体上の制約
画面が狭いために重なった文書の切替えがわずらわしい	0.04	**0.67**	0.00	
ページ全体を適度なサイズで表示しきれない	0.04	**0.54**	0.13	
画面を垂直に立てて見なければならない	0.10	**0.39**	0.32	
自由な姿勢で読むことができない	0.17	**0.37**	0.14	
背景画像の模様、アイコン、ガジェットが邪魔	-0.02	-0.02	**0.88**	
メニューやツールバーが気になる	-0.09	0.03	**0.85**	
カーソルの点滅が気になる	0.09	0.17	**0.55**	因子3: 集中を乱す外乱
フォントの種類やフォントのぎざぎざが気に入らない	0.14	0.10	**0.53**	
画面と眼の距離が遠すぎる	0.32	-0.04	**0.48**	
因子間相関　因子1	1.00	0.50	0.57	
因子2	0.50	1.00	0.53	
因子3	0.57	0.53	1.00	

図9　ディスプレイの読みにくさの影響要因：プロマックス回転後の因子パターン
（2008年3月、N=1053）

以降の３つの章では、ここで出されたディスプレイの読みにくさに関する３つの要因ごとに、実験科学的にどのような結果が示されているのかを見ていく。すなわち、第４章ではメディアの表示品質（第１因子）に関する研究を、第５章では操作性（第２因子）に関する研究を、第６章では集中を乱す外乱刺激（第３因子）に関する研究を各々紹介していく。

第4章

読みへの
表示品質の影響

前章では、読むためのメディアとして紙が圧倒的な支持を得ていることを述べた。しかし、これはユーザの主観評価の結果であり、先入観や思い込みにすぎない可能性もある。実際のところ、文書を紙で読んだ場合とディスプレイで読んだ場合とで、読みのスピードや理解度、校正読みにおける誤り検出率などの客観指標にどのような違いが生じるのだろうか。

　本章以降の3つの章では、紙の読みやすさ、逆に言えばディスプレイの読みにくさを、読みの客観指標をもとに調べていく。まず最初に議論するのは、表示メディアの表示品質が読みにどのような影響を与えるのか、という点である。これはディスプレイの読みにくさ（逆に言えば紙の読みやすさ）として最も重要視された要因である。

　「紙が読みやすいのはなぜか」と問われれば、多くの人は「見やすいから」「目にやさしいから」と答える。人は目に見える違いを重視しがちだ。しかし、人の主観的な判断と客観的な評価は必ずしも一致しない。自分のことは自分が一番よく知っている、という具合にはいかないようだ。本章ではそのことを実感してほしい。

　なお、本書では、読みのスピード、理解度、記憶、校正読みでの誤り検出率など、読みに関するさまざまな客観指標を総称して「読みのパフォーマンス」という表現を用いる。

読みのスピードや理解度への影響

　コンピュータがオフィスや教育現場に導入され始めた 80 年代から 90 年代前半にかけて、ディスプレイが読みに与える影響を分析することを目的に、ディスプレイでの読みと紙での読みのパフォーマンスや疲労度を比較する研究が数多く行われてきた（代表的な研究、あるいはサーベイ論文として Mills & Weldon, 1987；Gould et al., 1987；Gould et al., 1987b；Dillon et al., 1990；Dillon, 1992）。

　これらの初期の実験では主に、メディアの違いにより生じる画面サイズや解像度などの文書の「表示品質」の違いが読みに与える影響が調べられてきた。また、文字サイズや行の長さなどの「文書フォーマット」や画面の定位方向（画面の縦置きと横置き）や画面との距離などの「画面との位置関係」が読みに与える影響も調べられてきた。言い換えれば、読み手から見たときの文書の見え方の違いが読みにどういった影響を与えるのかが実験的に検討されてきたのである。

　文書の表示品質や見え方は、ディスプレイの技術進歩とともに向上する。したがって、80 年代から 90 年代にかけて行われた古典的な研究をもとに、ディスプレイでの読みが紙での読みに比べてどうであるかを議論するつもりはない。それでも、紙とディスプレイの典型的な実験方法を示すために、ここでは IBM のグールドらによって行われた研究の概要を紹介する。

　グールドら（Gould et al., 1987）は、テキスト文書においてスペルミスを検出する校正課題を用いて、紙で校正した場合とディスプレイで校正した場合の校正スピード（1 分あたりに読んだ単語数）と誤り検出率（スペルミスの検出率）を比較した。紙条件ではスペルミスの単語を丸で囲み、ディスプレイ条件ではペンで指し示すことを求めた。テキスト文書は紙とディ

スプレイで同じ文字サイズ、同じレイアウトで表示された。12名の実験参加者が水平に置いた紙、垂直に置いた紙、垂直なCRTディスプレイで校正読みを行った。各条件の実施順は参加者ごとにシャッフルされた。CRTディスプレイは当時の市販のディスプレイIBM 3277（解像度は480×640、リフレッシュレートは50Hz）が利用された。

　実験結果を述べる前に、条件間での平均値の違いについて、統計的検定の考え方を述べておきたい。人を対象にした実験では特に、同じ課題、同じ実験条件で実験を行っても、毎回同じ結果が得られるとは限らない。そのときの実験参加者の心理状態や思考過程の変化により、実験結果に誤差とも言えるゆらぎが生じるためだ。

　したがって、実験結果のグラフや数値のわずかな差をもとにどちらが大きいかを議論することにはあまり意味がなく、その差がゆらぎの範囲内か否かを検討する必要がある。ゆらぎの範囲内だと呼ぶには確率的にありえそうにないほどの大きな差が条件間に見られるとき、これを「統計的に有意な差」あるいは単に「有意差」と呼ぶ[8]。ここで「確率的にありえそうにないほどの差」としては、通常5%に設定することが多い。すなわち、そのような差がたまたま生じる確率が5%以下のとき、偶然とは考えにくい差だとみなし、ここに「有意差がある」という。また、5%以下ではないが、10%以下であるとき「有意な傾向がある」という。

　実験の結果は**図10**に示すとおりである。1分あたりに読んだ単語数である校正スピードについて、水平の紙と垂直の紙に統計的な有意差はなく、これらに比べるとCRTディスプレイでは有意に読みが遅いことがわかった（**図10**左）。すなわち、ゆらぎの範囲内だとは考えにくいほど条件間に大きな差が見られた。スペルミスの検出割合を示す誤り検出率については、3つの条件間で統計的に有意な差はなかった（**図10**右）。

---

[8]　心理学のデータ分析で扱う統計的手法の詳細については、文献（森・吉田、1990）を参照されたい。本書での統計に関する用語は、この文献に準拠している。

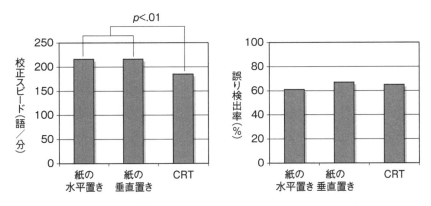

図10 Gouldらの実験結果（Gould et al., 1987のデータをもとに作成）

　紙では短時間でCRTディスプレイと同レベルの誤り検出率を達成できている。すなわち、紙ではディスプレイよりも高い読みのパフォーマンスが達成されていることがわかる。しかも、紙を水平に置いたときと垂直に置いたときとで校正スピードが変わらないことから、紙で読みのパフォーマンスが高いのは、表示面が水平か垂直かという問題ではなく、文書の表示品質の問題に起因することがわかる。

　ただし、当時のディスプレイは現在のディスプレイとは比べものにならないくらい表示品質が低かった。著者自身も90年代はじめにコンピュータで作業していたときには、ディスプレイのドットがピンセットでつまめそうなくらい大きく、ちらつきもあり、長時間の作業ではよくディスプレイ酔いをしていたことを覚えている。これでは、ディスプレイでの読みが紙での読みに劣るのも仕方ない。

　そこで、グールドらは別の実験で、より高性能なCRTディスプレイIBM 5080（解像度は1,024 × 1,024、リフレッシュレートは60Hz）を利用して、紙とディスプレイとで校正読みを比較した（Gould et al., 1987b）。結果として、校正スピード、誤り検出率ともに、紙とCRTディスプレイとで統計的な有意差はなかった。すなわち、80年代後半の段階で、当時

でも高性能なディスプレイを用いれば、スペルミスを検出する校正読みの課題において、紙とディスプレイとで読みのパフォーマンスに明確な違いがないことがわかる。

実は現在の市販の液晶ディスプレイはグールドらが実験で利用した高性能なディスプレイよりもはるかに高性能であり、高精細な文書表示が可能である。また、フォントの表示技術も当時よりも洗練されている。現在の市販のディスプレイでの文書の表示品質は、グールドらが実験で利用したディスプレイでの文書表示よりもはるかに読みやすいはずだ。したがって、現在ではもはや紙とディスプレイとで読みのパフォーマンスに違いが見られないと予想できる。

実際、これを支持する実験結果（つまり、紙と電子メディアとで読みのパフォーマンスには違いはないとする結果）が多数報告されている（Gould et al. 1987b；Dillon et al., 1990；Muter & Maurutto, 1991；寇・椎名, 2006b；柴田・大村, 2011b）。高い集中度が求められる認知的負荷の高い読みでは、紙とディスプレイの表示品質のわずかな違いが読みのパフォーマンスに影響を与えるとする近年の実験の結果もなかにはあるが（大村・柴田, 2010）、ディスプレイの表示品質は年々向上している。また、80年代後半から90年代後半にかけて紙とディスプレイの比較研究を繰り返して行ってきたグールド（Gould et al., 1987；Gould et al., 1987b）やディロン（Dillon et al., 1990）は「文書の個々の表示特性が読みに与える影響はいずれも軽微であり、複数の小さな影響が重なった結果として読みのパフォーマンスに違いが生じる」ことを指摘している。紙とディスプレイの表示品質の違いが読みのパフォーマンスに与える影響は、ゼロではないにせよ大きなものではないと考えてよいだろう。

第 4 章　読みへの表示品質の影響

 疲労への影響

　もうひとつ気になる点は、紙とディスプレイの表示品質の違いが、人間の目にどんな疲労をもたらすかという点である。主観的には、紙はディスプレイよりも疲労が少ないと評価されることが多い（岡野・面谷，2006；寇・椎名，2006；寇・椎名，2006b；Benedetto et al., 2013）。眼精疲労と関係が深いと言われる、いくつかの客観指標について、メディアによりどのような違いが見られるのかを見てみよう。

　磯野ら（2005）は大学生 13 名に文庫本と電子書籍リーダーの LIBRIe（電子ペーパーパネルを利用したソニー製の電子書籍リーダー）で 90 分間、小説を読ませた。そして、眼精疲労の代替指標として利用される目の調節機能の低下を調べるため、調節近点距離、調節緊張時間、調節弛緩時間の 3 種類の指標を計測した。

　調節近点距離はものがはっきり見える最短距離であり、目が疲れるとこの値が遠くなる、すなわち近くにピントを合わせてものを見ることができない、と言われている。調節緊張時間は遠方の視標から近方の視標にピントを合わせるまでの時間で、調節弛緩時間は逆に近方の視標から遠方の視標にピントを合わせるまでの時間である。いずれも、目が疲れるとピント調整能力が低下し、これらの時間が長くなると言われている。

　結果として、文庫本と電子書籍リーダーとの条件間で、これら 3 指標の測定値に統計的に有意な違いを見いだすことはできなかった。これをもとに、磯野らは、電子ペーパーを使用した電子書籍リーダーによる 90 分間の連続読書条件下では視覚疲労は少なく、紙の文庫本とほぼ同程度の疲労度であると結論づけている。

　寇・椎名（2006）は大学院生 14 名に CRT ディスプレイ、LCD ディスプ

レイ、画面に電子ペーパーを採用した LIBRIe、紙の書籍（印刷して本のように束ねたもの）の 4 種類のメディアを用いて 30 分の読書を行わせた。メディアは全て垂直表示であり、紙と LIBRIe は譜面台に立てた条件で読書を行わせた。彼らは疲労度の主観評価に加えて、客観指標として、コントラスト感度、フリッカー値、視力を調べた。

コントラスト感度は背景から図形を認識したり、微妙な濃淡の違いを判別する能力を指標化したものであり、目が疲れると目の空間解像度が低下してコントラスト感度も低下するといわれている。フリッカー値は覚醒レベルを反映する指標である。光を点滅させた場合、単位時間あたりの点滅頻度が高いと（すなわち、点滅速度が速いと）点滅が知覚できず持続光と同じに見える。フリッカー値はちらついた光が持続光に感じるようになる境界の値であり、目が疲れるとこの値も小さくなるといわれている。

結果として、主観評価では CRT ディスプレイと LCD ディスプレイに比べて、紙と LIBRIe が疲労が少ないと評価されたが、コントラスト感度、フリッカー値、視力の客観指標については、いずれの条件間でも統計的に有意な違いは見られなかった。

Benedetto ら（2013）は、20 代を中心とする 12 名の参加者に、紙、電子ペーパー端末（キンドルペーパーホワイト）、液晶タブレット（キンドルファイアーHD）の 3 種類で読書をさせた。そして、各々のメディアでの読書の前後に、視覚疲労度尺度とフリッカー値を調べた。視覚疲労度尺度は、視覚疲労についての 6 項目（見にくさ、目の違和感、目の疲れ、感覚の麻痺、頭痛、眠さ）についての 10 段階での主観評価の結果を尺度化したものである。さらに、Benedetto らは読書中のまばたきの頻度を調べた。まばたきの頻度は、その値が低下するとドライアイになり、目の疲れにつながるといわれている。

平均で 73 分の読書の結果、フリッカー値については、寇・椎名（2006）の研究と同様に、メディア間で統計的に有意な違いは見られなかった。し

かし、視覚疲労度尺度は、紙、電子ペーパー端末、液晶タブレットの順で評価値が低くなっており、紙の視覚疲労が最も低いと評価された。また、まばたきの頻度については、液晶タブレットの利用では、紙と電子ペーパー端末の利用に比べて頻度が低く、紙と電子ペーパー端末の間では有意差が見られなかった。

　表示パネルの後ろから光を出すことによって映像を表示（いわゆるバックライト方式）する液晶タブレットでは、紙に比べてまばたきの頻度が低くなり、視覚疲労度尺度でも評価が低かった。そして、視覚疲労度尺度では、紙と電子ペーパー端末の両方よりも劣った。一方、紙と同じ反射型の電子ペーパーパネルを利用した電子デバイスでは、視覚疲労度尺度で紙に劣ったものの、まばたきの頻度では紙と遜色のない結果が得られた。

　ここで見たように、電子ペーパーパネルのもの、液晶パネルのものを含め、電子デバイスでは主観的には「紙よりも疲れる」と評価されることが多い。しかし、電子ペーパーパネルのデバイスについては、少なくとも生理的な客観指標では眼精疲労を示す明確な根拠は示されていない。

　一方、液晶パネルのデバイスでも、コントラスト感度、フリッカー値、視力などの指標で紙での読みとの違いは見られなかったことから、こうしたデバイスの一時的な利用では眼精疲労には大きな問題はないと言えるのかもしれない。それでも、液晶タブレットではまばたきの頻度が少なくなることが示され、長時間の読書ではドライアイになり、目の疲れにつながる可能性が示唆される。今後、液晶パネルのデバイスを長時間利用する状況での評価、あるいは長期間に渡って継続的に利用する状況での評価が望まれるだろう。

3 まとめ

　90年度初頭までの古典的研究では、ディスプレイでの読みに対する紙での読みの優位性が読みのパフォーマンスの違いとして明確に示された。しかし、これは当時のディスプレイの表示品質の低さがもたらした結果にすぎない。近年の高品質なディスプレイを用いた比較実験では、両者での読みに明確なパフォーマンスの違いは見られない。

　ただし、これは紙での読みと電子メディアでの読みが、読みパフォーマンスへの影響という観点から全く同レベルであることを意味するものではない。正確には、両者に違いはあるだろうが、現状の評価指標では簡単に違いが見出せない程度に、その違いが軽微だと言うべきだろう。それでも、読みのパフォーマンスでは明確な違いが見られない程度に、現状の電子メディアはテキストを読む目的に対して十分に高品質な情報表示が可能だと言ってよいだろう。

　読みの疲労度について、主観的には電子メディアは紙よりも疲れると評価されることが多い。しかし、紙と同じ反射型パネルである電子ペーパーを用いたデバイスでは、コントラスト感度、フリッカー値、まばたきの頻度などの眼精疲労を示す客観指標において、眼精疲労を示す明確な根拠は示されていない。一方、液晶パネルを用いたデバイスでは、コントラスト感度、フリッカー値、視力などの他の指標では紙での読みとの違いは示されていないが、まばたきの頻度が少なくなり、ドライアイへの影響が示された。

第5章

読みへの
操作性の影響

前章では、ディスプレイの読みにくさの第1の要因である文書の表示品質が、眼性疲労に関する一部の指標には影響はあるものの、読みのパフォーマンスには大きな影響を与えないことを見てきた。ディスプレイの読みにくさは主観によるものだけなのだろうか。メディアが読みのパフォーマンスに違いをもたらすことはないのだろうか。

　本章では、ディスプレイの読みにくさの第2の要因である文書の操作性に焦点を当てる。読みの最中に行われる文書への操作の扱いやすさが読みのパフォーマンスにどのような影響を与えるのかを、著者らが実施した研究を中心に紹介する。

　まずは読みの多様さを理解し、読んでいる最中にも文書にはさまざまな行為が行われていることを確認する。そして、文書の操作性の読みへの影響を調べるにあたり重要な概念である操作の認知負荷を紹介する。次いで、読みの最中に行われる文書に対する行為を分類し、個々の種類の操作ごとに実験を紹介していく。

1 読みの多様さ

18世紀のフランスの画家、ジャン・フラゴナールの「読書する少女」という絵に象徴されるように、通常、私たちは「文書を読む」というと、ひとつの文書を先頭から順に1ページずつページをめくっていく読みをイメージしがちだ。しかし、この認識は、少なくとも業務や学習での読みに関しては全くの誤りである。時には概要を把握するために拾い読みしたり、あっちを読んではこっちを読むというジグザグな読み方をしたり、ひとつではなく複数の文書を交互に読んだり、単一のメディアではなく異なるメディア（紙とPCなど）を並べて情報を読み取ったりする。そしてひとりではなく複数人で一緒に読んだり、椅子に座ってではなく、立ったり、横になったりして文書を読むこともある。読みはその目的、読み方、行われる場所、姿勢などについて、多様な広がりを持つ。

アドラーら（Adler et al., 1998）は15名のさまざまな業種のナレッジワーカの実業務の活動記録を5日間にわたって取得した。そこで得た結果によれば、業務時間の82%で紙または電子文書が利用されていた。そして文書を利用する活動の約70%は、何らかの読む活動を伴っていた。

彼らはその目的別に読む活動を10種類に分類し、事例を集計した。その結果を**図11**に示す。「相互参照のための読み」は異なる箇所の記述を相互に比較したり確認する読みである。文書間の数値をチェックしたり、定義を確認する作業がこれにあたる。「答えを探す読み」は知りたい情報が文書内にあることを想定して、その詳細を調べる読みである。辞書を引いたり、マニュアルから情報を探す作業がこれにあたる。「議論するための読み」は議論中に関連する文書を参照する作業である。「概要把握のための拾い読み」は文書の全体像を把握するために重要なキーワードを拾って

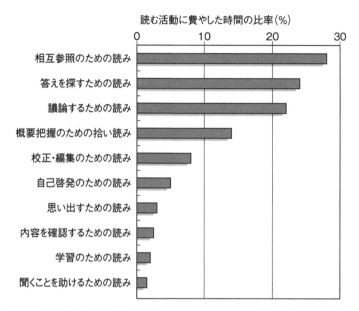

図11 目的による読みの分類 (Adler et al., 1998のデータをもとに作成)

ざっと目を通す読みである。「校正・編集のための読み」は文書の誤りを訂正したり、再編集するための読みである。「自己啓発のための読み」は自己の成長を目的として、知識を獲得する読みである。

　こうした多様な読みの種類からも推察されるように、読みの最中に行われる文書に対する行為もまた多様である。例えば、複数の文書の位置を調節したり、文書の重なりの順番を変更したり、答えを探すためにページをぱらぱらめくったり、異なる箇所を行き来したり、相手との議論の最中に文書内容をポインティングして相手に指示したりということが行われる。

　本章の残りでは、こうした読みの最中に行われる多様な行為のしやすさ、すなわちメディアの操作性が業務や学習での読みにどのような影響を与えるのかを見ていく。

操作の認知負荷

メディアの操作性が読みのパフォーマンスにどのような影響を与えるかを調べた一連の実験を紹介する前に、これらの実験を理解するための重要な概念である認知負荷とその測定方法を説明する。

2.1 認知負荷の計測方法

人間の記憶は、数秒から数分の短期的な情報を一時的に格納する「短期記憶」と、より長期にわたって情報を格納する「長期記憶」からなる。情報を加工したり、計算する場合には短期記憶で情報が処理されるため、短期記憶は「作業記憶」とも呼ばれる。短期記憶と長期記憶の関係は、ちょうど計算機のメモリとハードディスクのような関係だと考えればわかりやすい。すなわち計算に利用する高速アクセスが可能なメモリが短期記憶（作業記憶）に対応し、貯蔵用に利用する大容量でメモリに比べれば低速のハードディスクが長期記憶に対応する。

「認知負荷」とは、作業を行う際の心的リソース、すなわち作業記憶の使用量のことである（Sweller, 1988 ; Schnotz & Kurschner, 2007）。人間の作業記憶の量には限界があり、人により違いはあるが、短期的に覚えられる意味的なかたまりの量（これをチャンクと言う）は 7 ± 2 個だと言われている[※9]（Miller, 1956）。パソコンのメモリ容量に比べれば格段に小さいし、

※9　人に電話する際に一時的に電話番号を頭に入れるときのことを考えると、通常覚えられるのは 7 桁、少ない人で 5 桁、多い人で 9 桁である。ただし、2 桁ずつ語呂合わせにするなどすれば、もっと長い桁数を覚えることが可能である。7 ± 2 というのは単純な数字列の長さではなく、意味的なまとまり（チャンク）の数である。コンピュータで言うところのバイト数とは性質の異なるものであり、コンピュータのメモリ容量と単純に比較することはできない。それでも、コンピュータに比べてメモリ容量が格段に小さいことは想像できるだろう。

自由に拡張することもできない。したがって、人間の情報処理過程では、この小さく容量の限られた作業記憶を有効に活用することが重要になる。

通常、作業の遂行に要する作業記憶の使用量を直接的に調べることはできない。それでも、複数の作業について、どちらのほうが心的リソースの使用量が多いのか、すなわちどちらの認知負荷が高いかは「二重課題法」という実験手法により測定可能である。

二重課題法では、文章を読んだり、課題を行ったりという主課題の実施に加えて、視覚や音声の刺激に反応したり、情報を記憶するなどのサブ課題を同時に行う。そして、サブ課題の成績の高低をもとに主課題の認知負荷の大小を議論する。図12に示すように、主課題の認知負荷が高いときは、サブ課題の実施に割ける心的リソースが少なくなり、サブ課題の作業成績が低下する。二重課題法ではこれを逆に考えて、サブ課題のパフォーマンスの良し悪しから、主課題の認知負荷を推定する。すなわち、サブ課題の成績がよいときは主課題の認知負荷が小さく、サブ課題の成績が悪いときは主課題の認知負荷が大きいと考えるのである。

この実験パラダイムを理解するには、車の運転をイメージすればよい。運転に余裕のない初心者ドライバーは、運転中に道路にボールが転がってきてもすぐにブレーキを踏めない。ハンドルやアクセルの操作、安全確認など、多くのことに注意を払う必要があり、転がっているボールを知覚しても、状況を判断して次の行動に移行するのが遅れてしまうためだ。これ

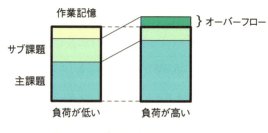

図12　二重課題法の考え方

第5章　読みへの操作性の影響

に対して熟練ドライバーは運転そのものに心的リソースをほとんど使用しないため、転がってきたボールにもすぐに対応できる。これを逆に考え、サブ課題であるボールへの対応の速さをもとに、主課題である運転の認知負荷を推定しているのが、二重課題法の考え方だと言える。

2.2　ページめくりの認知負荷

　紙でのページめくりと電子的手段によるページめくりに認知負荷の違いがあることを示す興味深い実験結果がある。私たちは同僚とともに、読書中に別の作業を同時に行う二重課題法を用いて読書の認知負荷を比較した（高野ら，2012）。この実験では20〜30代の24名の参加者に、ヘッドフォンをして小説を朗読してもらい、ヘッドフォンからビープ音が聞こえたらすぐに足元のフットペダルを踏むことを求めた。ビープ音が鳴ってから参加者がペダルを踏むまでの遅延時間を測定し、これをもとにメインの課題である読書の認知負荷の大小を検討することが狙いである。

　実験では、紙の書籍で読む場合、タブレット端末を用いてスワイプ（指を左右にスライドさせるジェスチャー）でページをめくりながら読む場合、タブレット端末を用いてタップ（画面の左右のエリアに軽く触れるジェスチャー）でページめくりしながら読む場合の3種類の読み方をしてもらった。紙の書籍とタブレット端末で同じ文字サイズ、同じフォーマットで小説を表示した。タブレット端末は iPad を利用した。

　結果は**図 13** に示すとおりである。ビープ音がページめくりの直前直後の行以外で鳴ったときは、紙の書籍とタブレット端末でビープ音への反応時間に時計的な有意差はなかった。これは、紙で読んでもタブレット端末で読んでも、読みのパフォーマンスに違いがないという従来の研究結果を支持している。メディアの表示品質が読みに与える影響は小さいことを示す結果と言える。

65

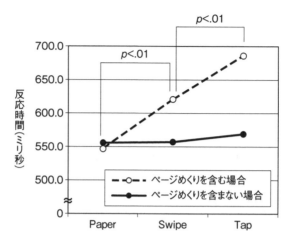

図13 二重課題法でのビープ音に対する反応時間の比較

　これに対して、ページめくりの直前直後の行でビープ音が鳴ったときには、紙で読んでいる場合の応答時間が最も短く、次いでスワイプでのページめくり、最後にタップでのページめくりとなっており、いずれの条件間でも有意差が認められた。

　紙の書籍とタブレットでのページめくりには、操作の認知負荷に違いがあり、紙でのページめくりは電子環境でのページめくりよりも認知負荷が小さいことがわかる。タップでページめくりする際には、画面の端をタップする必要があり、タップの位置が適切か否かを目で見て確認する必要がある。また、タップでページをめくったつもりでもめくれていないこともあるので、正しくページがめくれたか否かを視覚的に確認する必要がある。

　一方、スワイプによるページめくりでは、手の大まかなスライドによりページめくりができるため、操作の際に操作位置を気にする必要はない。それでも、実際に手をどれくらいスライドすればページがめくれるかはアプリケーションによって操作感が異なる。したがって、やはり実際にページが正しくめくれたか否かは目で確認する必要がある。

第 5 章 読みへの操作性の影響

　これに対して紙の書籍でのページめくりは、視線を向けることなく手の感触でページめくりが可能であり、実際に正しくめくれたか否かも手の感触でフィードバックが得られる。こうした操作感の違いが認知負荷の違いとして計測されたと考えられる。

　マウスによるスクロール操作の認知負荷は測定していないが、マウスカーソルを移動するにはカーソル位置を目で確認する必要があるので、タブレットでのスワイプやタップによるタッチ操作の場合以上に認知負荷が高いであろうことは容易に想像できる。

　この結果に対して、「ページがめくれれば、それで十分。認知負荷の違いなど気にならない」「そもそもページめくりはたまにしか生じない」などの声も聞こえてきそうだ。確かに、小説を読む限りにおいては後戻りして読むことが少ないため、ページめくりの頻度もそれほど高くないだろう。数分に 1 度しか行われないページめくりにおいて、特殊な実験方法で検出される認知負荷にわずかな違いがあったとしても、それが読書体験に与える影響は取るに足らないほど軽微だと言えるかもしれない。

　しかし、私たちは集中して作業に取り組んでいるとき、ちょっとした邪魔を嫌がるものだ。複雑な計算をしている最中には、他人に声をかけられるだけで、計算ができなくなってしまう。中断時間が短ければよいという問題ではなく、たとえ短時間でも思考が中断されてしまうこと自体が問題なのだ。高い集中度が求められる作業をしている場合には、他のことに一切心的リソースを使いたくないというのが本音である。

　業務や学習の読みは、小説の読みに代表される娯楽を目的とした読みとは大きく異なり、文書の移動やページめくりなどの操作が頻繁に発生する。複数の文書を並べて情報を比較したり、論文のように最後の位置にある参考文献を参照して元の位置に戻るなどの行為がその典型例である。こうした作業では、文書を移動したり、文書の重なりの位置を少しずらしたり、複数の文書を束ねたり、重なりあった文書の順番を入れ替えたり、ページ

をぱらぱらめくったり、異なるページ間を行き来したりなどの行為が頻繁に生じる。こうした行為のひとつひとつにおいて、わずかな認知負荷が余計に生じて、そのたびに思考が少しずつ邪魔されると、読み全体の作業の効率や質が悪化することが懸念される。

　以降では、読みの最中に行われる行為の多様さを示した後、こうした行為の頻繁が多い読みを対象に、紙と電子メディアにおける個々の行為の操作性が読みのパフォーマンスにどのような影響を与えるのかを調べた実験を紹介する。

第5章 読みへの操作性の影響

3 読みの最中に行われる操作の多様さと実験の全体像

　操作性が読みに与える影響を分析するにあたり、まずは文書に対する操作にどんなものがあるのか、その全体像を把握しておこう。**表3**に示すように、読みの最中に行われる操作は文書操作、ページ操作、コンテンツ操作の3つに大別できる。

　「文書操作」はページを束ねた文書、あるいは1ページの文書に対する操作で、文書を持ったり、移動したり、複数の文書を束ねたり、重なりの順番を変更したりする行為を含む。「ページ操作」は複数のページからなる文書のページ（紙の書籍の場合には紙のシート）に対する操作で、ページを1枚ずつめくったり、連続してぱらぱらめくったり、異なるページを行き来する行為を含む。「コンテンツ操作」はページ内の文書内容に対す

表3　読みの最中に行われる操作の種類

操作の種類		説明	具体例
文書操作		文書に対する操作	・文書を持つ ・文書を移動する ・文書を束ねる ・文書の重なりの順番を変更する
ページ操作		ページに対する操作	・ページを1枚ずつめくる ・ページを連続してぱらぱらめくる ・複数ページを同時にめくる ・異なるページを行き来する ・ページ間に指や栞を挟む ・ページに付箋を貼る ・ページの角を折る
コンテンツ操作	書き込み	文書への書き込み	・アンダーライン、記号、文章、絵などを書き込む
	コンテンツタッチ	文書に内容に触れる行為	・指さし（ポインティング）する ・テキストをなぞる

69

る操作であり、文書内容への変更や情報の追加を伴う「書き込み」と変更や追加を伴わないタッチ行為である「コンテンツタッチ」とに細分できる。

　以降では、3種類の操作を軸に、各々の操作が頻繁に生じる読みで、操作のしやすさが読みのパフォーマンスに与える影響を調べた実験を紹介する。本章でこれから紹介する10の実験の全体像を**表4**に示す。各実験での課題に加えて、実験で利用したメディアを丸印でチェックしている。なお、書き込みについては、第7章で詳細に議論することにし、ここでは付加的な取り扱いにとどめる。

表4　実験の全体像

操作分類	実験の狙い	実験の課題	紙	ディスプレイ	タブレット
文書操作	実験1. 相互参照読みでの紙とPCの比較	複数の文書を参照して誤りを探す	○	○	
	実験2. 文書移動、位置調整のしやすさを評価	複数の文書を指定した配置に並べる	○	○	
	実験3. PCの大画面環境とデュアル環境の比較	PCを用いた日常業務		○	
ページ操作	実験4. ページの行き来のしやすさを評価	注釈付き文書の読み	○	○	
	実験5. テキスト情報の探しやすさを評価	テキスト文書から答えを探す	○	○	○
	実験6. パラパラめくり、ナビゲーションのしやすさを評価	写真集から写真を探す	○	○	○
コンテンツ操作	実験7. 認知負荷の高い読みでの紙とタブレットの比較	文脈的な誤りを検出	○		○
	実験8. コンテンツタッチの効果を検証		○		
	実験9. コンテンツ操作を伴う読みと文書の傾きの関係を調査	なぞりながら読む。線を引く。文字を書く。	○		
統合的な操作	実験10. 議論への影響を比較	議論のための読み	○	○	○

4 文書操作：文書の移動や配置

　最初に取り上げるのは文書操作である。文書を移動したり、並べたりという行為が多く行われる複数文書を用いた相互参照の読みにおいて、紙とデスクトップPCとで読みのパフォーマンスを比較する。そして、読みのパフォーマンスの違いが、どのような理由によりもたらされるのかを議論する。

4.1　複数の文書を相互参照する読み（実験1）

　小説など娯楽を目的とした読みと異なり、業務で文書を読むときは単一の文書だけを読むのではなく、複数の文書に対して、各々の文書の記述や数値を比較・確認して読むことが少なくない。現実の業務での読みを観察したアドラーらの調査（Adler et al., 1998）では、読みの半分以上において複数の文書が同時に閲覧されていた。

　そこで、オハラとセレン（O'Hara & Sellen, 1997）は複数の科学記事を読んで要約を作成する作業において、紙文書を用いる場合とPCで文書をウィンドウ表示する場合とで作業を比較した。その結果、紙文書を用いる場合には、PCで作業する場合と比べて、文書を空間に並べて整理したり、重ね合わせた文書の位置調整を容易に行うことができ、これにより複数の記事から情報を抽出して比較する作業が効率的に行えることがわかった。

　彼らの実験では作業プロセスの観察やインタビューを通して定性的にツールの良し悪しが議論されたが、私たちは作業環境が読みのパフォーマンスに与える影響を定量的に評価したいと考えた。実験の条件設定や分析の詳細については、別の文献（柴田・大村，2010）を参照されたい。

実験方法

最初の実験では、4つの文書を相互に参照して誤りを検出する課題を用いて紙と PC 環境とで比較した。**図 14** に示すような4つの文書を同時に閲覧してもらい、記述の誤りを検出する作業を課題として設定した。4つの文書のうち1つはテキスト文書であり、他の3つはグラフである。テキスト文書はグラフをもとに作成されている。グラフに間違いはないという前提のもと、グラフから読み取れる情報とテキスト文書での主張内容に矛盾がある場合、それを誤りとして検出してもらった。

図 14　実験で利用した4つの文書の例

4つの文書セットには、単一のグラフを参照することで検出できる「単一文書エラー」と複数のグラフを比較しないと検出できない「複数文書エラー」を各々4つずつ埋め込んだ。そして、参加者にはできるだけ速く、かつ正確に誤りを検出するよう求めた。

実験参加者は 20 代から 30 代の 24 名である。全員が PC 利用歴3年以上であり、矯正視力は両目とも 0.7 以上であった。

作業環境は「紙条件」「PC 条件」「27 インチ机条件」の3種類である。紙条件では、B5 サイズのプリント用紙に片面モノクロでプリントした4

枚の紙文書を用いて作業を行ってもらった。作業は広いスペースを確保できる事務机で行った。PC条件では、紙と比較した場合に作業スペースの制約が大きな問題とならないよう大型の27インチディスプレイを利用した。PC条件で大きなディスプレイを用いたとはいえ、それでも作業スペースには制限がある。そこで、27インチ机条件では、**図15**に示すように、PC条件で用いた27インチディスプレイと物理的に同じ面積をもつ枠付きの机(枠の内側のサイズが58.2 × 36.3cm)を作成し、枠の中で紙文書を用いて作業してもらった。

PCでの文書の文字サイズは紙条件での文字サイズと物理的に同じに設定した。また、PC条件ではWindows XPのウィンドウ環境を利用し、ウィンドウサイズは紙条件でのB5の紙のサイズと同じにした。電子文書はAdobe Reader 9で表示した。

文書の見え方ではなく、文書に対する操作性が読みに与える影響を分析することが目的なので、PCの作業では文書の拡大・縮小を禁じた。また、書き込みのしやすさの読みへの影響を調べることが目的でもないため、全条件で校正用の4つの文書への書き込みは禁じた。

図15　実験での27インチ机条件での作業風景

最初に、ディスプレイの位置や表示の設定（明るさやコントラスト）を参加者各自の好みに調整してもらい、それから各自が各条件で2回ずつ（すなわち、全体で6回）、文書セットから誤りを見つける課題を実施した。各条件の実施の順番に偏りが生じないよう、参加者ごとの条件の実施順を計画的に振り分けた。

結果と考察

　まずは、校正スピード（1分あたりに処理した文字数）の比較結果を示す。図16に示すように、紙条件と27インチ机条件の間には統計的な有意差はなく、これらに比べてPC条件では有意に校正作業が遅かった。紙はPCよりも25.5% 速く作業を終えた。

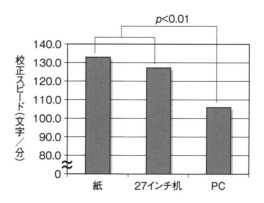

図16　複数文書の校正読みでの校正スピードの比較

　図17は 誤り検出率（実験者が埋め込んだ誤りに対して、参加者が検出した誤りの割合）を比較したものである。こちらも、紙条件と27インチ机条件の間には統計的な有意差はなく、これらに比べてPC条件では有意に誤り検出率が低かった。紙はPCよりも誤り検出率が10.7% 高かった。

第 5 章 読みへの操作性の影響

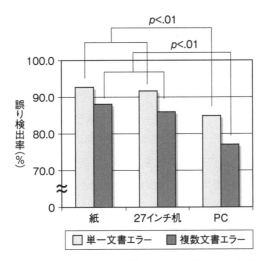

図 17 複数文書の校正読みでの誤り検出率の比較

　また、検出のために複数のグラフを参照する必要のある複数文書エラーは、単一文書エラーよりも検出率が低い傾向が見られた。

　複数文書に対する校正読みを課題とした今回の実験では、紙での作業はPCでの作業に比べて、効率(スピード)、質(誤り検出率)とも高かった。このような結果になった理由が気になるところだが、これは作業スペースの広さの違いによるものではない。これは、27インチ机の条件で作業スペースに制限のない紙条件と同レベルの作業パフォーマンスであったこと、さらには27インチ机条件では同じ面積の作業スペースを持つPC条件よりも作業の効率、質ともに高かったことから明らかである。

　実験での校正課題の遂行には、テキスト文書の記述内容の正当性を確認するために、頻繁にグラフを参照し、グラフから読み取れる情報とテキスト文書での記述を照合する必要がある。このプロセスでの文書の移動、位置調整、重なりの順番変更などの文書操作のしやすさが読みのパフォーマンスに影響を与えた可能性が考えられる。実際、検出に多くの比較操作を

要する複数文書エラーの検出率が、少ない比較操作で検出できる単一文書エラーの検出率よりも低い傾向が示されたことが、これを裏付けている。

実験後のインタビューでは、多くの人（参加者24名中15名）が、PCでのウィンドウ移動のしにくさを報告した。代表的なコメントは、「PCでは、（文書を）切り替えはしやすいけど、配置はしにくい」「文書をちょっと動かすにも、タイトルバーまでマウスを移動する必要がある」などであった。PCでのウィンドウ操作は紙に対する操作よりも負荷が高く、これが校正での効率と質の低下につながったのではないかと推察される。

4.2　文書移動と位置調整のしやすさ（実験2）

前節で紹介した実験1では、複数文書の相互参照読みでPCよりも紙のほうが作業の効率、質ともに高いことを確認するとともに、その理由として、PCでの文書操作のしにくさがPCでのパフォーマンスの低下をもたらしたのではないかと推察した。この点を検証するため、紙での文書操作とPCでの文書操作（ウィンドウ操作）の作業効率を、文書を指定した場所に配置する課題を用いて比較する実験を行った（柴田・大村, 2010）。

実験方法

この実験では27インチのディスプレイ領域と同じ面積の長方形を机に描き、図18に示すように、そこに4×4の格子を描き、B5のオフィス用紙を指定した位置に並べること（正確には、文書の左上を格子の位置に合わせること）を課題とした。図18は4つの文書の配置を指定した例である。条件をさまざまに変えて作業を行わせ、紙とPCとで、どちらの作業時間が短いのか、その理由が何なのかを検討した。

紙の作業環境では、机の上に、27インチのディスプレイの表示面積

第 5 章　読みへの操作性の影響

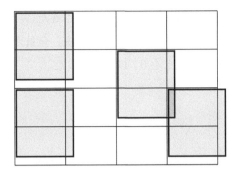

図 18　文書を配置する課題での配置の例

(58.2 × 36.3cm) と同じ面積の 4 × 4 の格子を描いて、B5 のコピー用紙を指定した位置に並べてもらった。PC 環境では、27 インチのデスクトップに 4 × 4 の格子を描き、B5 サイズの紙と同じサイズのウィンドウを指定した位置に並べてもらった。

さらに、紙文書の配置に際して、必要に応じて片手で作業する、あるいは紙に触る領域を限定して作業する、という制約を課した。後者の制約に際して、紙の上部に青色の帯をプリントした紙を利用し、紙を操作する場合に、指の一部が青色の領域に触れていることを制約として求めた。これは、タイトルバーをドラッグして操作するウィンドウ操作を紙で模した操作になる。この条件では、青色の帯に指が触れていることを確認するため、操作時に、必ずその領域に視線を向けることが必要になる。

これらを組み合わせ、以下の 5 種類を実験での作業条件とした。

- Free：紙で作業。紙の操作に制限はない。
- Single-hand（略して Single）：紙で作業。片手で操作。
- Area-restricted（略して Area）：紙で作業。紙の触る領域を制限。
- Single-hand & Area-restricted（略して Single & Area）：紙で作業。片手で操作し、紙に触る領域を制限。
- PC：PC で作業（マウス操作でウィンドウを配置）。

さらに、配置する文書数は 1、2、4 で変動させた。

実験参加者は 20 代から 30 代の 24 名である。全員が PC 利用歴 3 年以上であり、矯正視力は両眼とも 0.7 以上であった。

結果と考察

図 19 は各条件での作業時間を比較したものである。

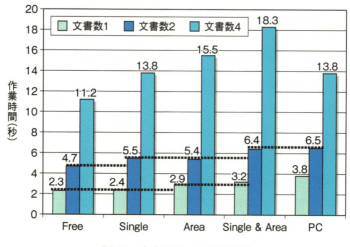

図 19　文書配置での作業時間

統計的検定の結果、以下の順番で作業時間が有意に短いことがわかった。なお、文書数 1 と 2 の場合について、図 19 では同レベルの条件を横線でつないでいる。

- **文書数 1 の場合**：Free ≒ Single < Area ≒ Single & Area < PC
- **文書数 2 の場合**：Free < Single ≒ Area < Single & Area ≒ PC
- **文書数 4 の場合**：Free < Single ≒ PC < Area < Single & Area

いずれの文書数でも、紙での自由な操作（Free 条件）は、PC でのウィ

ンドウ操作よりも作業時間が短かった。紙での文書操作は、PCでのウィンドウ操作よりも迅速に作業できることがわかった。これらの実験結果より、紙での文書操作は、PCでのウィンドウ操作に比べて、思考を阻害する可能性が低いことが推察できる。こうした点が、文書操作が頻繁に発生する複数文書の相互参照読みでのパフォーマンスに差が生じたのだと考えられる。

さらに、この実験は紙での文書操作が効率的なだけでなく、その理由が何であるかについても示唆を与える。文書数2の場合を例に、結果の解釈を説明する。紙では一度に複数の文書をまとめて移動できるのに対して、PCではウィンドウを1つずつドラッグする必要がある。そこで、紙でも1度に1つの文書しか移動できないよう片手で操作させたところ（Single条件）、作業効率が低下した。すなわち、紙では**両手を用いて複数文書に対して同時操作が可能なこと**が、紙での文書操作の第1の利点である。

また、ウィンドウでは移動の際にタイトルバーをドラッグする必要があるため、操作時にタイトルバーに視線を向ける必要がある。そこで、ウィンドウのように紙の上部を青色にした紙を用いて、操作時に青色の部分に触って操作することを制約として課したところ（Area条件）、作業効率が低下した。Area条件では操作位置が限定されるため、操作の際に指定された領域に指が触れていることを確認する必要がある。これに対して、紙では手の感触で操作できるため、操作の前に特定の箇所に視線を向ける必要はない。すなわち、紙では**操作位置に視線を向けることなく操作を行えること**が、紙での文書操作の第2の利点である。

そして、片手操作と操作エリア制限の2つの制約を同時に課すと（Single & Area条件）、もう一段作業効率が低下した。これは上記2つの利点が互いに独立であることを示唆する。

さらに、PCでのウィンドウの移動操作はマウスを使った片手での操作であり、これは紙でのSingle & Area条件での操作に相当する。ところが、

文書数が1の場合、Single & Area条件はPC条件に比べて作業時間が短い。これは文書を手で直接移動する方が、マウスを介して間接的に移動するよりも高速であることを示している。すなわち、**物理的なモノに対する直接操作が高速なこと**が、紙での文書操作の第3の利点となる。

なお、文書数4の場合には、Single & Area条件のほうがPC条件よりも作業時間が長かった。これは、紙では文書が重なった状態で下の紙を移動すると、一緒に上の紙が移動するためである。これにより、紙文書の操作では意図しない文書移動が発生してしまい、文書の位置調整を悪化させる要因になった。逆に言えば、ウィンドウが重なっても個々のウィンドウを常に独立に操作できることが、PCでの文書操作の利点のひとつだとも言える。

4.3　ディスプレイ環境とウィンドウ操作コストの分析（実験3）

著者の1人は、PCでの操作ログを収集して、ウィンドウ操作に要する時間を測定したことがある（柴田，2009）。調査の狙いは、大きなディスプレイ1つと小さなディスプレイ2つを用いる場合とで、どちらが効率的に作業できるのかを比較することであった。紙と電子メディアのパフォーマンス比較をするわけではないが、PCでのウィンドウ操作の問題点を浮き彫りにする実験なので、ここで紹介したいと思う。少し古い調査結果であるが、ウィンドウシステムの振る舞いは当時と大差はないため、実験で得られた知見は現在でも有効だと思う。

実験方法

実験の参加者は、企業で知的財産管理業務に携わる8名である。独自に

開発したログ取得ツールをインストールしてもらい、日常業務でのウィンドウ操作ログを取得した。そして、ディスプレイ環境がコンピュータでのウィンドウ操作の効率にどのような影響を与えるのかを調べた。

最初の2週間は全員が1つの17インチディスプレイを用いた「小画面環境」（図20 左）で業務を行った。その後、5名が1つの24インチディスプレイを用いた「大画面環境」（図20 中央）に変更し、3名が2つの17インチディスプレイを用いた「デュアル画面環境」（図20 右）に変更した。各々の環境でウィンドウ操作に慣れる期間として2週間のブランクを置いた後、変更したディスプレイ環境で再び2週間のウィンドウ操作ログを取得した。コンピュータのOSはいずれもWindows XPであった。

図20　各作業環境でのディスプレイ構成

結果と考察

分析対象のウィンドウ操作は、アクティブウィンドウの切り替え、ウィンドウの移動、サイズ変更の3種類である。これらの操作に要した時間（ウィンドウ操作コストと呼ぶ）を集計したところ[10]、図21に示すように、最初の小画面環境では、参加者はPCでの作業の8.5%の時間をウィンド

※10　各ウィンドウ操作の開始と終了の決定方法については、元の文献（柴田, 2009）を参照されたい。

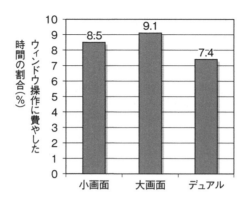

図 21　ディスプレイ環境ごとのウィンドウ操作コストの比較

ウ操作に費やしていた。実は、この結果に著者は少なからず驚いた。本来、ユーザは PC を用いて文書を読んだり、書いたりなどの本質的な作業をしたいはずである。それにもかかわらず、本来の目的とは全く異なるウィンドウ操作に、ユーザーは 8.5% もの時間を費やしている。ウィンドウ環境の操作性にはまだ改善の余地が大きいことがわかる。

　通常、ディスプレイが広くなれば、複数のウィンドウを同時に閲覧できるようになり、ウィンドウ操作のコストも小さくなることが予想される。しかし、図 21 に示すように、結果は逆であり、大画面環境では PC での作業の 9.1% の時間がウィンドウ操作に費やされており、ウィンドウ操作のコストは逆に増加した。これに対して、デュアル画面環境では、この値が 7.4% であり、ウィンドウ操作のコストが減少した。

　大画面環境にするとユーザは、多くのウィンドウを同時に立ち上げる傾向がある。実際、同時に開くウィンドウ数の平均は、小画面環境で 6.5 個だったものが、大画面環境では 9.6 個に増えている。そして、ウィンドウの重なりをなくして複数のウィンドウを並べて同時閲覧するために、ウィンドウのサイズ変更や位置調整の作業が増えることになる。実際、図 22 に示すように、大画面環境ではウィンドウ移動の頻度が増えている。

第 5 章　読みへの操作性の影響

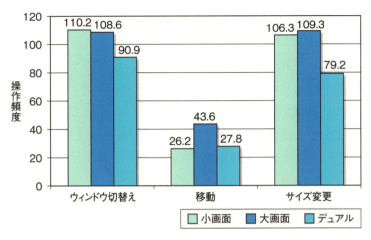

図 22　ウィンドウ操作の頻度

　これに対してデュアル画面環境では、ウィンドウを最大化すると片方のディスプレイ画面の中で最大化される。したがって、2 つのウィンドウを並べて最大化表示するのが簡単である。これがデュアル画面環境でのウィンドウ操作コストの低減につながったものと推察される。実際、**図 22** に示すように、デュアル環境ではウィンドウ切り替えとウィンドウのサイズ変更の頻度が減少している。
　ディスプレイが広いことはもちろん望ましいが、それだけがディスプレイの評価基準なのではない。複数の文書を簡単に並べられる環境であることもまた、文書ワークを効率化するうえで重要なことがわかる。文書の操作性は業務全体の効率に影響を与えるため、その改善により得られる効果は大きいだろう。
　これまで、ウィンドウ操作コストの観点から、大画面環境に対するデュアル画面環境の優位性を述べてきたが、デュアル画面環境の優位性は他にもある。少し脇道にそれるが、大画面の単一ディスプレイ環境と小画面の複数ディスプレイ環境の良し悪しについて整理しておきたい。

83

現状の市販の液晶ディスプレイを用いて大画面環境とデュアル画面環境を構築する場合を想定して、電力消費量と価格を比較してみた[11]。結果として、同じメーカーの同じ商品名でサイズだけが違うディスプレイを用いることを前提とすれば、多くの場合、2つの小画面ディスプレイで構成されるデュアル画面環境は、1つの大画面ディスプレイで構成される大画面環境に比べて、消費電力も値段も半分以下であった。

　これに対して、大画面環境の最大の利点はディスプレイの縁で途切れることのない連続画像を表示可能なことである。1つの大きな文書を縁で途切れた複数の画面に分割して表示するのは不快なものである。特に、カラム数が多い横長のスプレッドシートを複数のディスプレイに横断して表示するとき、行の対応がわからなくなり、生産性が落ちる。

　大画面環境とデュアル画面環境の使い分けに関する大雑把な指針を述べると次のようになる。多くの文書を切り替えながら、あるいは複数の文章を同時閲覧することが多い人はデュアル画面環境を利用し、比較的少数の大きな文書を表示することが多い人は大画面環境を使えばよいということになるだろう。特に前者の場合、ウィンドウ操作が効率的になるだけでなく、省電力で環境にも優しく、初期導入コストも低いという意味で、デュアル画面環境の利用には大きなメリットがある。

---

[11]　価格 .com（kakaku.com）の売れ筋ランキング上位のものを比較対象とした。

第 5 章　読みへの操作性の影響

5　ページめくり

5.1　ページ間を行き来する読み（実験 4）

　書籍や論文などでは参考文献や注釈が文書の最後にまとめられていることがよくある。このような文書で参考文献や注釈を参照するには、一旦、読んでいる本文から離れてこれらを参照し、再び本文に戻ることになる。また、図が挿入された論文や報告書では、図の引用箇所と図が異なるページにある場合も少なくない。特に、特許などは図が文書の最後にまとめて記載されることが多いため、図を参照するために前半のテキスト部分と後半の図が記載された箇所とを頻繁に行き来する必要がある。

　このように、業務上の読みでは、異なるページを行き来することが多い。その典型例として、本節では注釈付き文書の読みを実験で取り上げる。詳細については、別の文献（柴田・大村，2011b）を参照されたい。

実験方法

　実験で利用した文書は、新聞のエッセイをもとに作成した。**図 23** に示すように、文書は 2 ページからなり、1 ページ目は本文であるエッセイのテキストを記載した。そして、本文の 8 つの語に注釈記号をつけ、2 ページ目に注釈文をリストとして記載した。

　実験での課題は声を出してテキスト文書を朗読することである。**図 23** に示すように、本文で注釈記号のついた注釈語を読んだらすぐに別ページの注釈文に移り（参照）、注釈文を読み終えたらすぐに参照を行った元の位置に戻って本文の朗読を再開する（復帰）ことを求めた。テキスト文書

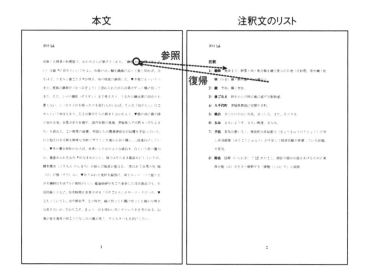

図23 注釈付文書の例と読み方

を声に出して読むことを求めたのは、読み手が文書のどこを読んでいるのかを把握するためである。また、音声の途切れを分析することで、参照や復帰にどれだけ時間を要したのかを調べるためである。

　作業環境は「紙」「デスクトップPC」「ノートPC」の3種類である。紙条件では、片面モノクロで2枚のB5サイズのオフィス用紙にプリントし、左上をホッチキスで綴じて1つの文書にした。デスクトップPCとノートPCの条件では、OSはWindows XP、文書閲覧にはAdobe Reader 9を利用した。デスクトップPC条件では20.1インチのディスプレイで文書を表示し、この環境では文書のページ全体がディスプレイ画面に収まる状態にあった。ノートPC条件では、10.4インチのディスプレイを備えたノートPCを利用し、この環境では1ページの約半分が1画面に収まる状態だった。

　実験参加者は20～30代の男女同数の18名である。全員がPC利用暦3年以上、矯正視力0.7以上であった。全員が全条件で課題を実施し、各条件で2回ずつ課題の実施を行った。

テキスト文書の朗読では、内容を理解しながら読み進めることを求めた。全ての文書の朗読が終了した後、文書内容をどれくらい覚えているかの代替指標として重要語の再認テストを行った。

結果と考察

朗読の音声データを分析し、本文の朗読と本文と参照文を含んだ全体の朗読とに分けて朗読スピードを条件間で比較した。結果は**図 24** に示すとおりである。本文の朗読に関して、条件間で読みのスピードに統計的に有意な差はなかった。これは、ページめくりなどの操作を伴わないのであれば、紙で読んでもディスプレイで読んでも読みのパフォーマンスに違いがないという、本章の最初で述べた主張を支持する。これに対して、本文と注釈の読みを含んだ全体の朗読スピードでは、紙での読みが最も速く、次いでデスクトップ PC、最後がノート PC での読みだった。いずれの条件間にも有意差が確認された。また、重要語の再認成績には条件間で有意差

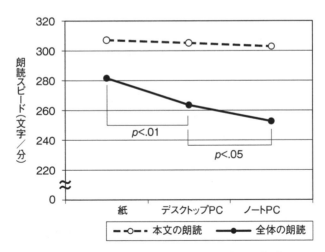

図 24　朗読スピード：本文の朗読と全体の朗読

はなかった。

　電子メディア（デスクトップ PC とノート PC）に比べて、紙では内容理解を阻害させることなく速く読めることがわかる。この違いはどのようにしてもたらされたのだろうか。ページめくりを伴わない本文の朗読スピードに条件間で違いがないことから、ページめくりを伴う参照と復帰に着目し、これらに要した時間を比較してみる。ここで、参照に要した時間とは、注釈語の位置での朗読の途切れから注釈文の朗読が開始されるまでの時間である。また、復帰に要した時間とは、注釈文の朗読の終了から本文の朗読が開始されるまでの時間である。音声の終了と開始のタイミングは音声データの波形をもとに目視で判定した。

　参照と復帰に要した時間を図 25 に示す。統計的な分析によると、参照よりも復帰に多くの時間がかかっていた。これはページをめくって次に読み始める位置を探すのに、参照のほうが探しやすいためである。2 ページ目の注釈のリストでは参照記号と参照語が常に文書の左に位置しているため、読み始めの位置を探しやすい。これに対して、本文ページでは参照記

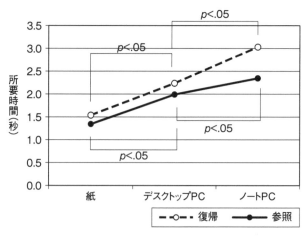

図 25　参照と復帰に要する時間

号は上付きの小さな文字で記述されており、その位置も特定の場所に限定されておらず、読み始めの位置を探すのに若干時間がかかることになる。

さらに、より重要なこととして、紙ではデスクトップPCやノートPCで読むよりも、参照と復帰に要する時間が短かった。注釈の参照について、紙での読みはデスクトップPCでの読みよりも32.7%、ノートPCでの読みよりも43.0%、所要時間が短縮された。本文への復帰については、紙での読みはデスクトップPCでの読みよりも31.3%、ノートPCでの読みよりも49.2%、所要時間が短縮された。

実験後のインタビューではディスプレイのほうが（特にページ全体が表示可能なデスクトップPCのほうが）ワンクリックでページをめくれるため簡単であり、参照と復帰を紙よりも速くできたと答えた人も少なからずいた。しかし、データを分析したところ、インタビューでそのように答えた人も含めて全員が、参照と復帰に要する時間は紙のほうが短いことがわかった。

この理由を検討するため実験での作業中のビデオ映像を分析したところ、以下の現象が観察された。図26(A)に示すように、典型的には紙では読み終わる前にページめくりが開始されていた。すなわち、読む行為とペー

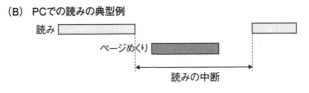

図26　めくりながらの読みの図解説明

ジをめくる行為が時間的に重なり合っていた。これに対してPC環境（デスクトップPCとノートPCの両方）での読みでは、図26(B)に示すように、2つの行為は時間的に重なり合うことなく、テキストの読みが完全に終わってからページめくりが開始された。これがPC環境での読みの中断時間が長かった理由だと考えられる。

実際、ページをめくりながら読んでいるケースがどれくらいあったのかビデオ分析したところ、図27に示すようにディスプレイでの読みに比べて、紙では圧倒的にページをめくりながら読んでいる割合が高かった。

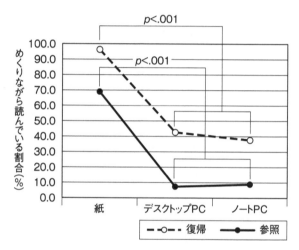

図27　ページをめくりながら読んでいる割合

では、紙ではなぜページをめくりながら読めるのだろうか（逆に言えば、PCではなぜページをめくりながら読めないのだろうか）。第1の理由は、紙でのページめくりは日常的に慣れ親しんだ熟練した行為であり、行為に注意を必要としないためである。そして、紙でのページめくりは認知負荷が低いことは本章の最初（5章2節）に紹介した研究で示したとおりである。PCでページをめくるには、まずはマウスを手に取り、カーソルをスクロールバーまたはページ切り替えボタンに移動し、そこでクリックまたは

ドラッグを行い、ページが切り替わるのを目で確認することになる。PCでのページめくりは煩雑で注意を要する。こうした理由により、PCでは読みながらページをめくるのが難しかったのだと考えられる。

　紙でページをめくる場合にも、指でページをつまみ、手を動かしてページをめくる必要があり、この行為も煩雑に思えるかもしれない。しかし、**図28(A)** の写真に示すように、多くの場合、参加者は本文を読んでいる最中に、次にページめくりが生じることを想定して、あらかじめ指をページの間に挟んでいた。そして、注釈を読んでいる最中には次に本文に戻ることを想定して、ページを半めくりの状態で手に持っており、すぐに本文に戻れるようにしていた（**図28(B)** の写真）。しかも、こうした次の行為の準備をしていることを参加者はほとんど意識していなかった。こうした紙に対する熟練の行為が、紙文書にページ操作をしながらも他のことを同時に行うことを可能にしているものと考えられる。

　第2にPCでマウス操作をするには、マウスカーソルに目を向ける必要がある。ページをめくるには、テキストから視線を外し、マウスカーソルがスクロールバーやページ切り替えボタンの位置にあることを確認してクリックする必要がある。そのためには、現在読んでいる位置から視線を外

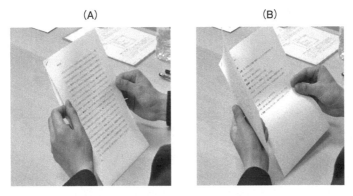

図28　両手を使った紙でのページめくりの例

す必要があるため、読む行為とページをめくる行為を同時に行うことが難しい。これに対して、紙では視線を手元に向けることなく手の感触でページをめくれるため、読んでいる位置から視線を外すことなくページめくりを行える。

　ページをめくりながらテキストを読めるということ以外にも、実は紙にはもうひとつ大きな利点がある。それは紙を持つ手の位置が、読みの最中の視線をガイドする役目を果たすという点である。実験で本文を読んでいる最中に、**図28（A）**に示すように文書を持つ手の位置が読んでいる行とだいたい同じ位置にしている参加者が多かった。こうした人たちは、文書を持つ左手の位置を少しずつずらしながらテキストを読んでいた。インタビューでこの点を聞いてみると「テキストが読みやすくなるし、復帰の際にも戻りやすくなる」という報告がなされた。読んでいる位置に手を置くことで、読んでいる行を変更する際、右端から左端に視線を移動する行替えで視線をスムーズに誘導できる。さらに、注釈を読んで本文に復帰する際には、以前に読んでいた本文の位置に左手が残っているため、本文で以前に読んでいた行を探しやすくなる。

　しかも、重要なことは、読み手は本文を読んでいる最中に、読んでいる箇所を間違えないよう意識して左手を動かしているわけではない。また注釈を読んでいる最中、本文からの復帰がしやすいよう意識して以前に読んでいた箇所に左手を残しているわけでもない。読むにはその位置で文書を持つのが自然であり、結果としてそれが読む行を間違えるのを防ぐように機能しているにすぎない。そして、ページをめくる際に紙のシートを持つ左手の位置を変更することはかえって不自然であり、左手の位置を変えずに残しておいたことが、本文への復帰の際に、そのまま以前に読んでいた箇所を探しやすくするものとして結果的に機能したにすぎない。左手の指の位置は、読んでいる位置を示すポインタの役目を果たすと同時に、ページをめくった場合に、その位置に戻りやすくする一時的なしおりの役目も

担っているのである。こうした事実により紙では読む行為とページをめくる行為の統合を可能にしている。

　紙でのページめくりでは、両手が使えるうえに、触る位置に制限がなく、視覚的注意を必要とせず、めくり方も多様である。また、めくった結果のフィードバックも視覚だけでなく、触覚や聴覚も用いてなされる。このような紙に対する操作の自由さ、フィードバックの多様さ、さらには操作のしやすさや慣れといった事柄が、読みながらページをめくったり、ページをめくりながらも戻る位置を保持しておくなど、状況に応じた臨機応変な対応を可能にしていると言えるだろう。

5.2　テキスト文書から答えを探す読み（実験5）

　「××の引用がこの本に記載されていたはず。正確な表現を調べたい」「これと似た問題が参考書にあったと思う」などのように、探したい情報があり、それが書籍のどこかに記載されていることを知っている場合がしばしばある。こうした状況は業務では意外と多いようで、アドラーら（Adler et al., 1998）の業務観察によると、業務で生じる読みの約24%が「答えを探す」ことを目的としてなされていた。

　このような読みでは、ページをぱらぱらめくりながら必要な情報が読み取られる。情報を探すことが目的なのだから、拾い読みのように情報が読み取られ、読む箇所もあっちを読んだり、こっちを読んだりとジグザグになされる。本節では、こうした読みの典型例として、マニュアルから質問事項への答えを探す課題を実験的に検討する。詳細については別の文献（柴田・大村，2016）を参照されたい。

実験方法

　実験で利用する文書は、電話での応対の仕方や接客の作法などを記載したビジネスマナーガイドである。文書は表紙、目次、索引を含めて84ページからなる。多くのマニュアルと同じように、各節での記述は短めで1～2ページであり、詳細な目次（9章、63節）がある。したがって、必要な情報へのアクセスはたいてい、目次を介して行えるようになっている。

　課題は「寝台列車は（　　）が上席」「運転中の携帯電話の使用は（　　）で禁止されている」などのような質問文に対して、空欄に当てはまる答えをテキストマニュアルから探すことである。マニュアルを調べることなく答えられる問題であっても、マニュアルのどこに記載されているかを確認することを求め、答えを見つけたらすぐに答えが記載されたページ番号を報告することを求めた。

　作業環境は、紙の書籍を利用する「紙条件」、PCでリンクなしのPDF文書を用いる「PCリンクなし条件」、目次から各ページにリンクのあるPDF文書を利用する「PCリンクあり条件」、タブレット端末を用いる「タブレット条件」の4種類である。

　マニュアルからの典型的な答えの探し方のひとつは、最初に目次を見て答えがありそうな節を探して、そのページにアクセスすることである。この際、電子環境では目次の節から各ページにリンクがあるとページへのアクセスが容易になる。そこで、リンクのないPDF文書を用いる場合（PCリンクなし条件）に加え、目次から各ページにリンクが張られたPDFを利用する条件（PCリンクあり条件）を比較対象として設定した。

　実験で利用する文書は電子的に作成し、紙の書籍の作成ではタブレット端末の表示面積とほぼ同じB5の紙にプリントした。この際、**図29**に示すように、タブレット端末での文書の見た目が同じになるよう片面でプリントし、紙の束の左側をホッチキスで留めて製本した。タブレット端末は

第 5 章　読みへの操作性の影響

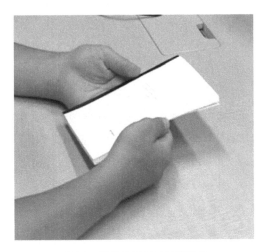

図 29　紙の書籍での作業風景

iPad を利用した。PC を利用する条件ではノート PC を 23 インチ液晶モニターに外部接続した。OS は Windows XP を利用し、PDF 文書の表示には Adobe Reader 9 を利用した。

　文書の見え方が読みに与える影響を分析するのが目的ではないので、PC やタブレット端末のスクリーン上での文書や文字の見え方は紙文書での見え方と同じになるように設定した。電子環境では作業中に文字サイズを変更することを禁じた。Adobe Reader での文書表示には一度に 1 つのページを閲覧する「シングルページモード」を利用した。

　実験の参加者は 20 代から 30 代の男女同数の 20 名である。全員が PC 利用歴 3 年以上、矯正視力が 0.7 以上であった。参加者は各条件で 4 回ずつ課題を行った。

　実験に先立ち、個々の作業環境の操作に慣れてもらうため 10 分間の練習を行ってもらった。また、電子デバイスの明るさや位置は参加者に自由に調整させた。実験終了後、インタビューを行い、個々の作業環境に対する印象を尋ねた。

95

結果と考察

　図30は文書メディアごとの作業完了時間を比較したものである。紙条件とPCリンクあり条件の間に有意差はなく、これらはPCリンクなし条件とタブレット条件よりも有意に速いことがわかった。また、後者の2つの条件の間に有意差はなかった。すなわち、紙条件とPCリンクあり条件は同レベルで速いグループに属し、PCリンクなし条件とタブレット条件は同レベルで遅いグループに属すという結果であった。なお、作業の正確さ（回答の正解率）について、いずれの条件間でも有意差は見られなかった。

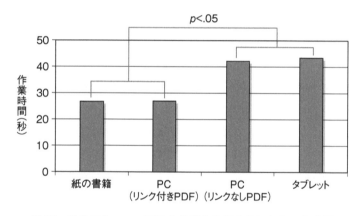

図30　テキストマニュアルから答えを探すのにかかった時間

　最初、リンク付きPDF文書では目次から各ページへワンクリックで迅速にアクセスできることから、全条件のなかで最も速く作業できると予想した。しかし、結果はそうではなく紙の書籍と同水準であった。リンク付きPDF文書では、最初にアクセスしたページに答えがある場合には、極めて速く答えを見つけることができた。しかし、最初にアクセスしたページに答えがない場合には再び目次に戻る必要があり、この手続きには時間

がかかった。

　同じ状況で、紙の書籍では、目次から各節にアクセスする際、ほとんどの人が目次のページに指をはさんでいたため、目次の位置に簡単に戻ることができた。紙の書籍では、最初の試みがうまくいかなくても、即座に元の状態に戻って作業をやり直すことができ、柔軟で臨機応変な対応が可能なことがわかる。

　また、タブレット端末では紙の書籍やリンク付き PDF を用いる場合よりも有意に作業が遅かった。タブレット端末では 1 枚ずつめくることは可能だが、複数のページをパラパラめくる操作がしにくい。実際、タップやスワイプを繰り返す操作に面倒を感じたと報告した参加者が多数いた。スライダーを使って指定したページにジャンプすることもできるが、その際にはめくりながらテキスト情報を読み取ることができない。したがって、目的のページの周辺の情報を取得できず、目的のページに答えがない場合、前後のページに移動して答えを探すことが難しかったように思う。

　なお、電子環境で検索機能の利用を禁じたわけではないが、実験では誰も検索機能を利用しなかった。練習の際に検索機能の利用を試みた参加者もいたが、彼らはその操作は時間がかかることがわかり、結局、実験では検索機能を利用しなかった。電子環境でテキスト検索するには、メニューからダイアログを選択して単語を入力する必要がある。そして、キーワードの選び方に問題がある場合は、キーワードを何度も入力し直す必要があった。特に、タブレット端末ではソフトウェアキーボードを利用する必要があり、キーワードの入力に時間がかかり、入力ミスも多く見られた。検索機能が有効なことは間違いないだろうが、今回のように 84 ページのそれほど長くない文書が対象で、しかも詳細な目次がある場合には、検索機能を利用するより目次を参照して答えがありそうなページにアクセスするほうが速いということである。

　ここで、あなたが本書を紙の書籍で読んでいるのなら、この場で 1 分も

かからない簡単な実験をしてみたいと思う。余裕のある人はお付き合いいただきたい。本書を閉じて、目次を開いて、実験5の本節を探し、そのページを開いてほしい。そして、そこで行為をストップし、自分の左手を見てほしい。目次のページの位置に左手の指が挿入されているのではないだろうか。

先の実験では目次から節にアクセスする際、ほとんどの人が目次のページ位置に指を残していた。しかし、このことを実験後のインタビューで尋ねたところ、多くの人は目次の位置に自分が指をはさんでいたことを認識していなかった。後で目次の箇所に戻る可能性があることを意識して目次の位置に指を挟んでいるのではなく、節にアクセスするときに無意識的に目次に指が残り、目次に戻る際のしおりとして結果的に機能しているのだ。

おそらく、子供のころから何度も繰り返した紙の書籍でのページアクセスの経験を通して、こうしたスキルが形成され無意識的に実践されているのだと思う。実験参加者の中には「紙の本を読むことが少ないので、電子のほうが扱いやすい」と報告した人も少なからずいた。しかし、そうした人もまた、各節にアクセスする際には目次の位置にきちんと指を残して紙の利点を「無意識的に」利用しているのを実験の中で私たちは何度も目にした。

5.3 写真集から写真を探す（実験6）

前節の実験では、テキストマニュアルから答えを探す課題を取り上げた。本節では写真集から目的の写真を探す実験を紹介する。写真は視覚的特徴から目的のものか否かを迅速に判断できるため、探索でのページアクセスはシステマティックになされる。したがって、テキストの読みの場合に比べて、ページアクセスのしやすさが作業効率に大きく影響すると考える。また、写真は視覚情報が豊富なことから、どこにどの写真があるかの位置

記憶が形成されやすい。したがって、文書のコンテンツをどれだけ熟知しているかが答えを探す際のパフォーマンスに影響すると考えられる。したがって、参加者が文書コンテンツに慣れた場合、各メディアでのページアクセスにどのような違いが生じるのかを調べる必要がある。詳細については別の文献（柴田・大村，2016）を参照されたい。

実験方法

実験で利用する写真集は3部作成した。写真集には48枚の風景写真（解像度は 640 × 480 ピクセル）を1ページに1つずつランダムに配置した。

作業環境は、紙の書籍を利用する「紙条件」、デスクトップPCを利用する「PC条件」、タブレット端末を利用する「タブレット条件」の3種類である。紙条件での書籍の例を**図31**に示す。紙の書籍では、タブレット端末での表示と同じになるようB5の紙に片面でカラープリントし、左側をホッチキスで留めて製本した。PC、タブレット端末を利用する条件でのデバイスやソフトウェアの構成は、前節の実験の場合と全く同じである。また、各条件間で写真の物理サイズが同じになるよう電子環境での縮尺を調整した。

図31 写真集から写真を探す実験風景

実験での課題は、提示された写真と同じものを探して、写真の掲載されたページ番号を答えることである。この作業をできるだけ速くかつ正確に行うことを求めた。

　ひとつの写真集につき、写真の検索を 18 回行った。検索の回数が増えるに応じて検索時間がどう変化するかを見るため、まずは 12 枚の異なる写真を検索してもらい、最後にそれまでに探したことのある 6 枚の写真を再検索してもらった。写真の選定では、各条件で写真のページ位置に偏りが生じないよう配慮した。

　実験の参加者は 20〜30 代の男女同数の 24 名である。全員が PC 利用歴 3 年以上、矯正視力は 0.7 以上であった。

　全条件での課題終了後に、実験で利用した写真の再認テストとインタビューを実施した。写真の再認テストでは、75 枚の写真について、課題で実施した写真集にあったか否か、また写真が写真集にあったと考える場合には、写真集での位置が前方（1〜16 ページ）、中間（17〜32 ページ）、後方（33〜48 ページ）のいずれであったかを質問した。再認テストで利用した 75 枚の写真の内訳は、3 つの写真集から 15 枚ずつ選定した 45 枚に加え、どの写真集でも利用されていない 30 枚の写真をディストラクタ（妨害刺激）として追加した。インタビューでは、各作業環境に対する印象や写真の検索方法を質問した。

結果と考察

　作業環境と検索順ごとに作業時間を比較した結果を**図 32** に示す。

　この結果から以下の 4 点が言える。第 1 に、全ての作業環境で写真の検索は回数を追うごとに速くなっている。写真の検索を繰り返すことで参加者が写真集の内容に慣れ、検索が高速化されたことを示している。

　第 2 に、最初の 6 回、次の 6 回、最後の 6 回の全てのフェーズにおいて、

第5章 読みへの操作性の影響

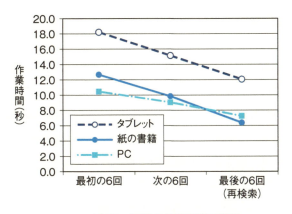

図32 写真の検索時間の結果

タブレット端末での写真検索が最も遅かった。タブレットではタップやスワイプの操作により1ページずつ簡単にページをめくることができるが、複数のページを連続して高速にめくることができない。また、タップやスワイプを繰り返して高速にページめくりしようとすると、ページを正しくめくれないことがしばしばあった。参加者は、スワイプで正しくページをめくるにはどの程度指をスライドさせる必要があるのかを感覚的に把握していないようだった。

第3に、最初の6回の検索ではPC条件では紙での操作よりも速かった。紙の書籍では、ページをぱらぱらめくっている最中に意図せずに複数のページが同時にめくれてしまうことがあり、そうした場合には参加者は元の場所に戻ってページめくりをし直す必要があったためである。これに対してPCでは、参加者はスクロールバーの下にある逆三角形のボタン（▼）を押し続けることにより、等速で連続的にページをめくり続けることができた。この際のページめくりは高速かつ正確で、まとめて複数のページがめくれることもなかった。見たことのない写真を探すには、参加者は全ての写真を網羅的にチェックする必要があり、このような作業ではPCのPDFビューワが提供するシステマティックで網羅的なページめくりが最

101

適であったことがわかる。

　第4に、再検索のフェーズでは、紙の書籍での検索はPCでの検索よりも速く行われる傾向が見られた。最初の6回の検索では紙の書籍での検索はPCでの検索に有意に劣っていたが、次の6回の検索ではPCと遜色ないレベル（有意差なし）になり、最後の再検索では紙の書籍での検索はPCでの検索を上回る傾向が観察された。書籍のコンテンツに慣れた状態では、紙での検索はPCでの検索よりも速くなる傾向があるようだ。

　なぜ、再検索では紙の書籍を利用するほうが、PCでの検索よりも速かったのだろうか。コンテンツに慣れていない場合と慣れた場合とでの逆転現象はどうして生じたのだろうか。まずは、紙の書籍の利用では、PCの利用に比べて写真の位置記憶の形成が促進されたことが考えられる。写真が写真集のどこにあるのかあらかじめわかっていれば、その近くに一気にジャンプすることにより、検索対象の写真へのアクセスが高速になることが予想される。

　しかし、写真が書籍の前方、中間、後方のどこにあったかの再認テストの結果はこの仮説を支持しなかった。再認テストでの正解率は紙の書籍で41.7%、PCで36.1%、タブレットで40.0%だった。紙の書籍での正解率が高かったが、いずれの条件間にも統計的な有意差はなかった。参加者は紙の書籍を利用する条件で特別に写真の位置をよく覚えていたわけではなかった。

　そこで、紙の書籍で再検索が速かった理由として、他の理由を考える必要がある。実験の観察から、紙の書籍では書籍の真ん中や後ろから写真を探し始めることが多いように思われた。そこで、参加者が先頭ページ以外の中間や後ろからページアクセスを開始した場合を「ランダムアクセス」と呼び、その割合を調べた。図33は再検索におけるランダムアクセスの割合を条件間で比較したものである。紙の書籍では、タブレットやPCの利用に比べて有意にランダムアクセスが多く行われていたことがわかる。

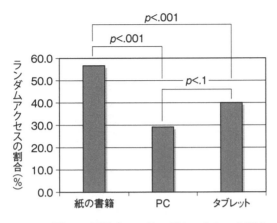

図 33 再検索でのランダムアクセスの割合

　写真が後半にあるとわかっているとき、紙の書籍では参加者は一気に後半にジャンプすることが多かった。一方、PC やタブレットの電子メディアでは、写真の大まかな位置がわかっているときでもページを先頭から 1 ページずつめくることが多くあった。紙の書籍では大胆で柔軟なページアクセスが行われているように思う。これが紙の書籍で写真の再検索が高速だったと私たちが考える第 1 の理由である。

　さらに、ランダムアクセスの仕方にも条件間で違いが見られた。PC やタブレットでのランダムアクセスの典型例を示すと、**図 34 (A)** にあるように、参加者は目的の写真のだいたいの位置がわかっているときでも、目的の写真のだいぶ前にジャンプし、そこから 1 ページずつページめくりを行っていた。この点について、ある参加者は「（目的の）写真を飛び越えてしまわないようにした」と報告した。目的の写真を飛び越えて逆戻りが必要になることを恐れ、意図的にだいぶ前にジャンプしていたのである。電子メディアでは、後戻りのページアクセスが生じない慎重で確実なアプローチが採られていたことがわかる。

　一方、紙の書籍の利用時には**図 34 (B)** に示すように、参加者は目的の写

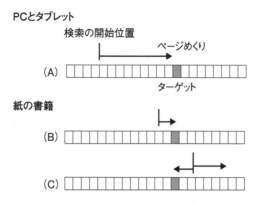

図34 ランダムアクセスでのページアクセスの仕方の違い

真のすぐ近くまで一気にジャンプし、その近傍を探すケースが多かった。時には、最初のアクセスで目的の写真の位置を越えてしまうこともあったが、そのような場合でも図34(C)に示すように目的の写真を越えたことに気づくと、ジャンプで最初にアクセスしたページに指をはさんでいたため、すぐにその位置に戻って逆方向にページめくりを開始していた。ページにはさんだ指が一時的なしおりとして機能し、失敗に気づいたときにすぐにそこに戻ることができただけでなく、これにより同じページを繰り返してチェックする冗長性も避けることができた。

紙の書籍では、目的の写真のすぐ近くまで一気にジャンプする大胆なアプローチが取られ、その後のめくりでも迅速に元の位置に戻って逆向きに方向転換するなど、柔軟な探索が行われたことがわかる。

こうしたことが可能なのは、紙の書籍のページめくりの認知負荷が低いためと考えられる。認知負荷が低いために、ページをめくりながらも、目的のページがどの辺にあり、もう越えたのか否かを考えることができ、越えたと判断した場合には、逆方向にページをめくりを開始するという具合に瞬時に行動に移すことができる。認知負荷の高い電子環境のページめくりでは、ページをめくりながら考えたり、瞬時の判断ですぐにそれを行動

に移すのは難しいことだろう。

　加えて、紙の書籍ではページに指をはさんで一時的なしおりとして利用することが、ほとんど無意識的に行われている。子供のころから何度もページアクセスを繰り返すことで、多くの人はこれを熟練した技能として体に染みつけている。紙の書籍でのページナビゲーションについて、あっちに行ったり、元の位置に戻ったり、自在に制御できるという自信があるからこそ、柔軟で大胆な探索を行うことができる。そして、これを支えるのが、紙のシートのしなり、指への馴染みやすさ、触ったときのしっとり感という、紙、それから紙を束ねた書籍の物理的性質である。

　こうしたことを講演で話すと、「子供の頃からスマホを使って育った人にとっては、紙の書籍よりもスマホのほうが操作しやすいのか」と質問されることがよくある。読者の多くも疑問を持つと思うので、この場で私たちの見解を示しておきたいと思う。結論としては、以下の2つの理由から、スマホでのページアクセスが、紙の書籍と同レベルの柔軟さを備えることは難しいと思う。

　第1に、紙の書籍でのページめくりの認知負荷の低さは、紙の物理的性質によって支えられていることを述べた。目を向けなくてもモノとして触って操作でき、実際にめくれたかどうかも手の感触により確認できる。物理的なモノを使うことなしに、紙の書籍と同レベルの認知負荷を可能にするのは難しいと思う。

　第2に、電子機器は、機器ごと、アプリケーションごとに操作感が少しずつ異なる。例えば、スワイプでのページめくりを取り上げると、どの程度指をスライドさせたらページがめくれるかはアプリケーションごとに異なる。場合によっては、同じアプリケーションでもバージョンが変わるごとに、この程度が異なることもある。こうした操作感の違いは、操作に対する慣れの形成の阻害要因となる。これに対して紙の書籍での、物理法則が変わらない限り、その操作方法は生涯変わることがない。したがって、

紙の書籍の利用を通して体得したノウハウやスキルは、生涯にわたって利用可能なものとなる。

　こうして生じた、紙の書籍でのページアクセスとスマホでのページアクセスの認知負荷の違いはわずかでしかないだろう。そして、スマホでの操作を繰り返して慣れを形成していけば、その差はどんどん小さくなっていくだろう。その差が通常は無視できるようなものだとしても、考えたり、話したり、人の話を聞いたりなど、他のことをしながら操作するという局面になると、わずかな違いが問題として顕在化してくる可能性がある。

第5章 読みへの操作性の影響

6 コンテンツ操作：ポインティング・なぞり

　次にタッチ操作可能なタブレット端末を用いた読書が読みにどのような影響を与えるのかを考察しよう。まずは、著者のひとり（柴田）の体験談から話を始めたいと思う。

　2010年の夏に電子書籍市場を視野に入れた「読むためのデバイス」という触れ込みでタブレット端末のiPadが発売された。私は早速これを購入し、日常的に論文をタブレット端末で読み始めた。読むためのデバイスの良し悪しを評価するには、私にとって極めて重要で、決して妥協できない作業でデバイスを活用してみることが重要だと考えたのである。

　それまでにも私は、電子ペーパーパネルを採用した電子書籍リーダーで論文を読む試みをしたことがあった。しかし、ページの書き換えに時間がかかり、本文と参考文献を行き来するのが難しいため、論文の読みでの活用を断念した経緯があった。しかし、ページめくりをスムーズに行える液晶パネルを採用したタブレット端末であれば、論文の読みにも活用できるのではないかという期待があった。

　文書内容を受動的に受け取るだけでなく、論文を読むときのように、批判的に読んだり、学習目的で読むなど、文書内容に積極的に介入して咀嚼する読みはアクティブリーディングとして知られる（Schilit et al., 1998）。そして、アクティブリーディングを支援するデバイスやアプリケーションは研究レベルで数多く提案されている（Schilit et al., 1998 ; Hinckley et al., 2007 ; Tashman & Edwards, 2011 ; Hinckley et al., 2012 ; Chen et al., 2012 ; Yoon et al., 2015）。私は当時発売されたタブレット端末をこれらの商品例ととらえ、これを自分のアクティブリーディングに生かしてみたのである。

　タブレット端末を日常的に持ち歩くようになり、さまざまな場面でその

107

便利さを感じたのは事実だが、論文を精読するという観点では、決して満足できるものではなかった。むしろ、文書を精読するという行為がどういうものなのか、私自身が再認識するよい機会となった。

　実は、私自身あまり認識していなかったのだが、私は論文を読む際に、ペンで書き込みを行うのはもちろん、ペンや指でテキストをポインティングしたり、なぞったり、場合によっては意味もなく文書を指やペンで叩くということを頻繁に行っていたようである。タブレット端末で論文を閲覧している最中にもこうした行為を行うことがあり、その際に意図せずに文書が横にずれたり、拡大・縮小したり、ページがめくれたりすることがしばしばあった。そのたびに読みの集中が妨げられることになり、論文を読む際には画面に触らないように注意する必要があった。

　この経験を通して、論文を読む際には単語をポインティングしたり、文をなぞる行為（本書では「コンテンツタッチ」と呼ぶ）が頻繁に行われており、これができなくなると読みが阻害されるのだと実感した。そして、普段ほとんど無意識的に行っている文書に「触る」という行為が文書を理解する上で重要な役割を担っているのではないかと考えるようになった。

　例えば、単語をポインティングすることで、読み手はその箇所に明示的に注意を向けることができる。そして、そこに注意を向けたことを自分に印象付けることができる。ちょうど、電車で車掌が安全確認のために指さしたり、自宅を出るときに指さしながら戸締り確認するのと目的は同じである。また、離れた箇所に指やペンを置いて視線をガイドすることで、離れた箇所の記述が比較しやすくなる。

　さらには、指やペンでテキストをなぞることにより、読むスピードを制御できる。文章を読む際、人は無意識的に急いでしまう傾向がある。特に、自分が書いた文章や以前に読んで内容を知っている場合はなおさらである。この際、指やペンでテキストをなぞることで、読みのスピードが指やペンの移動速度として視覚化され、単語や文をスキップして読むことを防ぎ、

一字一字、あるいは一語一語に注意しながらテキストを読むことができるようになる。

　コンテンツタッチが制限されると、読み手はこうした効果を活用できず、読みのパフォーマンスの低下につながる可能性がある。タッチ操作可能なタブレット端末で文書を読んでいると、コンテンツタッチにより文書が意図せずに拡大したり、ページがめくれたりすることがある。したがって、読み手はパネルに触らないように注意して読むことが求められる。さらには、パネルの表面に光沢とツヤがあることから、読んでいる画面に指紋を残したくないという心理が生じ、パネルに触るのを控える可能性もある。いずれにしても、こうした端末はコンテンツタッチを抑制し、読みの種類によっては読みのパフォーマンスを低下させる可能性がある。

　こうした現象は読解が困難な読みで観察されると考えられる。この点を検証するために、次節で紹介する2つの実験では、「猫」であるべきところが「犬」になっていたり、「減少した」はずの箇所が「増加した」と記述されているなどの文脈的な誤りの検出を課題として求めることにした。文脈的な誤りの検出は、文書内容を正しく理解した上で前後関係の整合性を確認する必要があるため、誤字脱字の検出に比べて認知負荷が高いと考える。

　最初の実験では、紙での読みとタブレット端末での読みを比較し、タブレット端末の利用が読みのパフォーマンスやコンテンツタッチの頻度にどのような影響を与えるのかを調べる。次の実験では、テキストタッチの効果を検証するため、紙文書へのコンテンツタッチを制限させ、読みのパフォーマンスへの影響を調べる。実験の詳細については別の文献（Shibata et al., 2015）を参照されたい。

6.1 文脈的な誤りを探す読みでの紙とタブレットの比較（実験7）

本実験では、文脈的な誤りを検出する校正課題において、紙での読みとタブレット端末での読みを比較する。

実験方法

実験で利用する文書は新聞のエッセイをもとに作成した。いずれも B5 の紙またはタブレットの画面に収まる内容である。個々の文書には、前後関係から「増加した」はずのところが「減少した」と書かれているなど、文脈的なつながりを正しく理解しないと検出できない文脈的な誤りを5つずつ埋め込んだ。

課題は文章を読んで、誤りを速くかつ正確に見つけることである。制限時間は4分に設定した。誤りの修正は不要であり、誤りのある箇所を口頭で読み上げてもらった。

作業環境は紙とタブレット端末の2種類である。紙で作業する条件では B5 サイズのオフィス用紙に片面モノクロでプリントした。タブレット端末は iPad を利用した。タブレット端末を利用する条件では文字の大きさが紙での表示と物理的に同じになるよう、タブレット端末での文字の表示サイズを制御した。タブレット端末での文書表示には「i 文庫 HD」を利用した。

校正作業はペンを持って行うことが多いため、いずれの作業環境でも、文書への書き込みを可能にした。条件間で書き込みの作法が同じになるよう、両条件で同じ油性ペンを使って書き込みを行ってもらった。タブレット端末の使用では画面に透明なフィルムを貼り付けて油性ペンで書き込みを行ってもらった。作業風景を**図 35** に示す。タブレット端末上のフィル

第 5 章 読みへの操作性の影響

図 35　タブレットでの作業風景

ムは試行ごとに貼り替えた。

「i 文庫 HD」で可能なタッチ操作は、ピンチ操作による文書の拡大・縮小、拡大表示した状態での文書ドラッグによる表示領域の移動、指を左右にすべらすスワイプ操作あるいは文書の左右のタップ操作によるページめくり、画面下のタップによるメニューやスライダーの表示などである。いずれのインタラクションもタブレット端末やスマートフォンでは一般的なものである。ただし、実験で利用した文書はいずれも 1 ページであり、課題遂行においてページめくりを行う必要はない。

実験に先立ち、各々の作業環境で課題の練習を行ってもらった。また、タブレット端末のパネルの明るさを参加者の好みに調整してもらった。実験後、各環境での作業のしやすさや疲労度についてアンケートとインタビューを行った。

結果と考察

図 36 は、誤り検出率（全ての誤りに対して参加者が正しく検出したものの割合）を作業環境ごとに比較したものである。両者の違いは統計的に

111

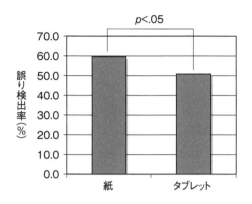

図 36 校正読みでの誤り検出率の比較

有意であり、紙での校正はタブレット端末での校正に比べて 17.2% 誤り検出率が高いことがわかった。作業時間は条件間で統計的に有意な違いはなかった。

同じ作業をするにしても、紙ではタブレット端末に比べて同じ作業時間で高い達成度を実現できた。すなわち、文脈的な誤りを検出する校正読みにおいて、タブレット端末での読みは紙での読みに比べて読みのパフォーマンスが低かった。

次に、タブレット端末での読みがなぜ紙での読みに劣ったのかを考える。この実験では、実験材料として単一ページの単一文書を用いているため、文書を移動したり、ページをめくるなどの文書操作は発生しない。したがって、読みの最中になされたコンテンツ操作に焦点をあてて追加の分析を行う。

図 37 は、課題遂行でのコンテンツインタラクション数を集計したものである。操作の種類は、文書への書き込み、単語や文を指やペンで指し示すポインティング、指やペンで文をなぞる行為の 3 種類である。ポインティングとなぞりがコンテンツタッチに相当する。

統計的な分析の結果、書き込みの頻度については条件間で違いはなかっ

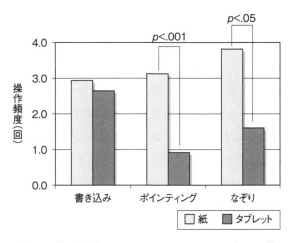

図37 校正課題でのコンテンツインタラクション数

た。ポインティングとなぞりの頻度について有意差が認められ、参加者はタブレット端末よりも紙での読みで頻繁にポインティングやなぞりを行っていたことがわかった。

　この結果から、タブレット端末はコンテンツタッチを促進しないことがわかる。実験後のインタビューで、ある参加者は「練習の際にパネルに手を置いて文書が拡大してしまった。以降はパネルに触らないように注意した」と報告した。また別の参加者は「画面がつやつやしているので、画面に触るのをためらった」と報告した。コンテンツタッチにより意図しない振る舞いが生じたり、画面がつやつやしているなどの表面の材質の問題がタブレット端末でコンテンツタッチを促進しなかった理由と考えられる。

　これまでの研究では、電子メディアよりも紙を利用するほうが頻繁に書き込みされることを確認したという実験の報告もあるが（Morris et al., 2007 ; Johnson & Nadasa, 2009）、本研究ではこの現象は観察されなかった。これは課題の性質によるものと考えられる。通常、書き込みは後で読み直して情報を抽出するためになされるが、本実験の課題は決められた時間内

での作業であり、参加者は後での読み直しのために書き込みする必要がなかった。実際、実験で書き込まれた注釈のほとんどは、誤り箇所へのマーキングだった。

以上をもとに、タブレット端末ではコンテンツタッチが制限され、これにより読みのパフォーマンスが低下したことが考えられる。そこで「コンテンツタッチは読みのパフォーマンスに影響を与える」という新たな仮説が導かれる。実際、今回の実験ではコンテンツタッチの頻度と誤り検出率との間に正の相関が観察され、相関係数は 0.451 で、0 よりも統計的に有意に大きな値だった。すなわち、本実験でコンテンツタッチを頻繁に行った人は誤り検出率も高くなっており、上記の仮説を支持する。この新たな仮説を検証するため、私たちは次に紹介する別の実験を実施した。

6.2　紙での操作を制限する条件での比較（実験 8）

今回の実験では、コンテンツタッチの有無が読みのパフォーマンスにどのような影響を与えるのかを調べるため、同じ紙での読みでもコンテンツタッチを制限する場合としない場合とで、読みのパフォーマンスを比較する。詳細については別の文献 (Shibata et al., 2015) を参照されたい。

実験方法

実験での課題は、前の実験 7 と同じである。実験参加者には、単一ページの単一文書を読んで、文脈的な誤りを制限時間内で検出する課題を行ってもらった。前の実験では紙文書とタブレット端末での作業のパフォーマンスを比較したが、この実験では全て紙で作業してもらった。ただし、紙文書に対するインタラクションを 3 段階で制御した。

最初の「接触不可」条件では、読み始めの際の紙文書の最初の位置決め

以外、参加者は文書に一切触ることを許さなかった。次の「接触可」条件では、読みの最中に参加者は文書に自由に触ることができるが、書き込みは許さなかった。最後の「書き込み可」条件では、読みの最中に参加者は文書に自由に触ることも、書き込みも許された。

実験参加者は前節の実験での参加者と同じ 24 名である。

実験に先立ち、参加者は各々の環境で課題の練習を行った。実験後、各作業条件での作業のしやすさについてインタビューを実施した。

結果と考察

図 38 は条件間での誤り検出率を比較したものである。「接触可」条件は「接触不可」条件よりも有意に誤り検出率が高かった。文書へのインタラクションが制限されると読みのパフォーマンスが低下することがわかる。すなわち、コンテンツタッチは文章の前後関係を正しく把握するために必要なものであることがわかる。しかし、「接触可」条件と「書き込み可」条件の間に有意差が見られなかった。これは先に述べたように、実験では文

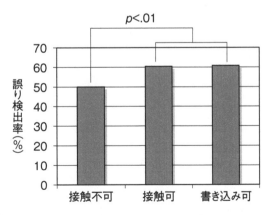

図 38　紙でのインタラクションを制限した校正課題での誤り検出率の比較

書の再読を想定しておらず、書き込みが効果を発揮する課題になっていなかったためと考えられる。

　実験によりコンテンツタッチの有効性が示されたが、その意義と理由について、参加者から以下のような感想が報告された。ポインティングに関して、多くの参加者が特定の場所に明示的に注意を向けるのに効果的だと主張した。ある参加者は「間違いを指さすことにより、その位置を記憶することができた。二度目の読みの際に同じ箇所をチェックする必要がなかった」とコメントした。ポインティングはページ内の特定の箇所に対する位置記憶を強化することが示唆される。また、別の参加者は単語に指を置くことで、位置的に離れた箇所の比較が容易になることを指摘した。実験後のインタビューで、実験で利用した文書を指さしながら「ここは中国に関する記述だが、こちらは日本になっている。この対応が正しいのかという具合にチェックした」などの報告がなされた。

　また、テキストを指やペンでなぞる行為について、2人の参加者が、そうすることで意図的にテキストをゆっくり読むことができると指摘した。「指でなぞることで一語一語に注意を払いながら読める」とコメントした。すでに内容がわかっている文章を読む際、人はどうしても飛ばし読みをしてしまいがちである。こうした状況では特に、テキストをなぞることで、飛ばし読みすることなく、意図的にゆっくりとテキストを読み、誤りを見つける助けになる。

　また、多くの参加者がテキストに触らずに読むよりも、テキストに触りながら読むほうが読みに集中できると述べた。ある参加者は「（接触不可条件で）文書に触れないことにフラストレーションを感じた。文書との間に距離を感じた。掲示板を見ているような感じだった」と報告した。テキストに触らずに読む行為が、文書を遠くから眺めているような感覚をもたらしたようだ。コンテンツタッチは、読み手と文書との境界を取り除く心理的効果をもたらし、読みの集中を促す可能性がある。

第 5 章　読みへの操作性の影響

　実験後、2 人の参加者が、ポインティングやなぞりを普段意識せずに行っていることを指摘した。参加者のひとりからは「文書に触らずに読むことがこんなにも難しいことだと、今日はじめて実感した」と報告があった。別の参加者は「読んでいる最中に、普段からテキストに頻繁に触っていることを実感した。これまで、そのことを意識したことはなかった」と報告した。こうした報告から、コンテンツタッチはほとんど無意識的に行われていることが示唆される。

コンテンツタッチの効果

　ここで紹介した 2 つの実験から得られた主要な知見は以下の 3 つである。第 1 に、ある種の読みでは人はテキストに触りながら読むということである。第 2 に、そうした読みの最中にコンテンツタッチが制限されると、読みのパフォーマンスが低下することがある。第 3 に、タブレット端末はテキストタッチを抑制することがある。

　娯楽を目的とした読みと異なり、業務や学習でしばしば見られるように、難しい記述内容を読み解いたり、文書を批判的に読むなど、文書内容に積極的に介入して咀嚼する読み（アクティブリーディング）では文章をポインティングしたり、なぞったりするコンテンツタッチが頻繁に生じる。

　現在の市販のタブレット端末では、タッチによるジェスチャーがページの拡大・縮小、ページの表示エリアの移動、表示ページの切り替え（ページめくり）などの機能に割り当てられている。したがって、テキストをポインティングしたり、なぞる行為により、意図しない画面変化をもたらす可能性がある。これは読み手に不快感を与えるだけでなく、読みの最中のテキストタッチを抑制し、読みのパフォーマンスを低下させる危険性がある。したがって、アクティブリーディングを支援するには、読みの最中に無意識的になされるテキストタッチを阻害しないよう配慮する必要があ

る。タッチによる操作を可能にするなら、通常の読みでは生じないジェスチャーを文書操作の機能に割り当てることが望ましいと思う。

　また、本結果は、校正作業を行う際に、なぜ人は紙に印刷したうえで行うことを好む人が多いのかという疑問に対する一つの実証的な回答を提供する。校正作業では、誤字脱字といった表層的な誤りだけでなく、意味内容に矛盾がないか、つまり文脈的な誤りがないかといったチェックが必要になる。上記の実験結果に示すように、コンテンツの理解を促進するために行われるコンテンツタッチが紙のほうが電子環境よりも容易で迅速であり、結果として誤りを見つけやすくなるということである。あえてプリントしてから校正を行うことの理由としては、このほかに、電子環境が各種校正記号の入力に対応しきれていないために赤ペンによる手書きが効率的なこと、さらには表示メディアの変更による視点の変更などの効果が関係していると推察されるが、今後の検証が必要となる。

6.3　なぞったり・書き込んだりするときの文書の位置と傾き（実験9）

　テキストコンテンツをなぞったり、書き込んだりする行為が、読み手から見たときの文書の位置と傾きにどのような影響を与えるのかを調べた研究を紹介する。

　大学の試験で試験官をしている最中に、著者のひとりは答案用紙を体の真正面に垂直に置いている学生がほとんどいないことに気づいた。多くの学生は、答案用紙を体の正面から右にずらして（**図39（A）**）、または答案用紙を反時計回りに傾けて（**図39（B）**）試験に取り組んでいた。ごく稀に、これとは正反対に、答案用紙を体の正面から左にずらして、時計回りに傾けている人もいた。よく見ると左利きの学生であった。

　読み書きする際、人は文書を少し斜めにして作業するようだ。しかし、

第 5 章　読みへの操作性の影響

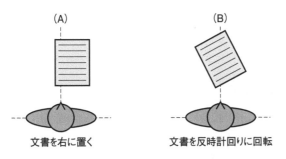

図 39　右利きの人の文書の位置と傾き

実際にはどの程度の傾きが好まれるのだろうか。その理由は何だろうか。また、文書の傾きを変えることで読み書きのスピードや正確さが変化するのだろうか。こうした疑問に答えるため、私たちは文書の傾きが読み書きのしやすさや読み書きのパフォーマンスに与える影響を調べる一連の実験を行った (Shibata et al., 2018)。

　まずは用語の定義を行う。ここでは、単一ページの単一文書を水平な机の上に置いて読む状況を想定する。そして、人は机に対してまっすぐ（体の中央のラインである正中線と机の縁が垂直）に座っているものとする。このとき、図 40 に示すように、文書の傾きの角度を体の中央のライン（正

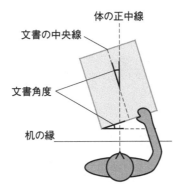

図 40　文書角度の定義

119

中線）と文書の中央線のなす角として定義し、これを「文書角度」と呼ぶことにする。

読みやすい文書の傾き

　左利き18名、右利き18名の計36名を対象に、文書を机の上の好きな位置、好きな角度に置いてもらい、最も読みやすい位置と角度を探してもらった。文書は、日本語の新聞のエッセイをもとに横書きで作成し、B5の紙1枚にプリントした。読み方は、文書に「触らずに読む」、テキストを「なぞりながら読む」、テキストにペンで「下線を引きながら読む」の3種類の読み方を指定した。

　結果は**図41**に示すとおりである。図での座標と回転角度は、読み手が左利きの場合には、正中線より左を正の位置方向、時計回りを正の回転方向とした。右利きの場合には、正中線より右を正の位置方向、反時計回りを正の回転方向とした。

　左利き、右利きともに、文書に触らずに読むよりもなぞりながら読むと

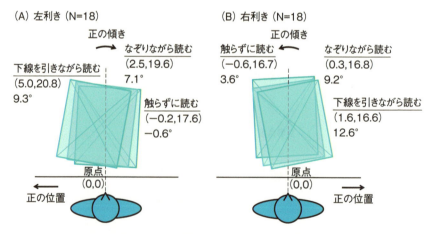

図41　読みやすい位置と角度：左利き（A）と右利き（B）

第 5 章　読みへの操作性の影響

きのほうが、さらにはなぞりながら読むよりも下線を引きながら読むほうが、文書が利き手の方向（すなわち、正の位置方向）に引き寄せられており、利き手と反対の方向（すなわち、正の回転角度）に文書が傾けられているのがわかる。

　文書を斜めにして読むことに、どんな意味があるのだろうか。文書は正面で、しかも文書角度が 0 度の場合が最も見やすいはずだ。しかし、この状態では横書きの文書を指でなぞったり、書き込んだりしにくい。実は、指を横にスライドさせる際、肘を中心に肘から先の手を回転運動させると、腕全体の動きが小さくなり、また指の動きも安定する。しかし、図 42（A）に示すように、肘を中心とする回転運動では、指の移動方向は横書きのテキストの並びと水平にならない。テキストをなぞったり、下線を引いたり、文字を書いたりという操作を行うには、肘を固定するのではなく、図 42（B）に示すように肘を左右にスライドさせる必要がある。これだと、腕全体の動きが大きくなる。一方、文書を斜めにすると、図 42（C）に示すように、肘を中心にした回転運動で指の動きがテキストと平行に近くなる。すなわち、文書を利き手と反対方向に傾けるほうが、テキストをなぞったり、書き込んだりしやすくなるのだ。

　文書は触らずに読むよりもなぞりながら読むほうが、なぞりながら読むよりも線を引きながら読むほうが、手の動きに正確さが求められる。そし

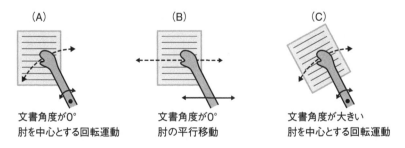

図 42　文書角度と腕の動きの関係

て、文書のコンテンツ操作に求められる正確さが高くなるに応じて、手で操作しやすいように文書が利き手側に引き寄せられ、さらには肘を中心とした手の動きがテキストの並びに平行に近づくように文書角度が大きくなる、ということをこの実験は示している。

　主観的な判断で言えば、試験での学生の行動を見ていても、試験に集中して取り組んでいる学生ほど、文書を大きく斜めにしている傾向があるように思う。逆に、回答を終えて、終了時間を待っている学生は、答案用紙を体の正面に真っすぐにおいて、引き気味に文書を眺めている傾向があるように思う。

　文書はもちろん目で読むものだが、正確な読解が求められたり、書き込みしたりする場合には手も利用される。その場合、文書は利き手で操作しやすいよう、利き手の方向に引き寄せられ、利き手と逆方向に（文書の底辺が利き手の向きと垂直に近くなる方向に）回転される。このようにすると、文書は斜めになり、実は文章は見にくくなる。しかし、手を使って文書を読むようになると、文書は目での見やすさよりも、手での扱いやすさに適合されるようになる。この現象を少し誇張して言えば、「文書は手で読む」という側面があると言えるかもしれない。

読み書きのパフォーマンスへの影響

　文書を手で取り扱うようになると、文書は手で扱いやすいよう傾けられていく傾向があることがわかった。今度は、文書の傾きは読み書きのパフォーマンスに実際に影響を与えるのかを見ていく。詳細については別の文献 (Shibata et al., 2018) を参照されたい。

　最初の実験では、文書角度を変動させて文書を読ませ、読みのスピードや理解度への影響を調べた。参加者は20代から30代の28名であり、全員が右利きである。文書角度は5度を中心に、－30度、－10度、0度、5

度、10度、20度、40度の7水準で変動させた。

　結果は**図43**に示すとおりである。読みのスピードは、文書を左に5度傾けた状態を中心にして、ほぼ対称になっている。40度と比較して有意差があったのが5度だけだったことから、右利きの人が文書を読む際の最適な文書角度は5度だと考えてよい。ただし、-10度から20度の範囲では、5度での読みのスピードとの間に有意差が見られないことから、これが読む際に許容される文書角度の範囲と言える。いずれの文書角度でも理解度には違いはなかった。

　極端に文書を傾けない限り、読みのスピードが文章角度によって大きく変わることはないが、右利きの人は文書を反時計回りに5度傾けるのが最も望ましいと言えそうである。

　今度は、文書の傾きが文字の書き取りに与える影響を調べた実験を紹介する。実験の参加者は20代から30代の30名であり、全員が右利きだった。文書角度は10度を中心に、-20度、0度、10度、20度、40度の5水準で変動させた。横に罫線(けいせん)の入ったメモ用紙を各々の文書角度で文書を

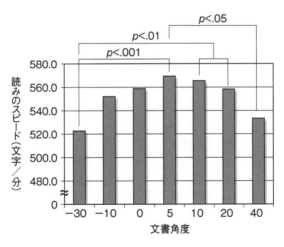

図43　文書角度の読みのパフォーマンスへの影響

机に固定し、罫線に沿って、速くかつ正確にテキストの書き取りを行ってもらった。

結果は**図44**に示すとおりである。文書角度が10度の場合が最も書き取りのスピードが速く、他の全ての文書角度よりも有意に速かった。0度の場合と比べても10度のほうが高速だったことから、書き取りを行う場合には、文書を体に垂直に置くよりも、右利きの場合には左に10度傾けるほうが望ましいことがわかる。また、参加者に自分で書いた文字の読みやすさを判断させたところ、10度の場合が最も読みやすいと判断された。

人は文字を書くとき、文書を傾けずに真っすぐ置くよりも、利き手と反対方向に傾けるほうが効率的に書けるし、綺麗で読みやすい字を書けることがわかる。

参考までに、文書を読む場合と異なり、書き取りを行う場合には、書き取りのスピードは最高値である10度の場合を中心に対称にはなっていない。これは、0度と40度が同レベルだったことから明らかである。このことから、最適な文書角度である10度が何らかの理由により確保できな

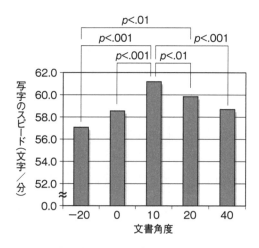

図44　文書角度の写字のパフォーマンスへの影響

い場合には、文書を右に傾けるよりは左に傾けるほうが望ましいことがわかる。

まとめと考察

この実験が示唆することは、人は文書を読むとき、手を使って文書を操作しながら読むことがあり、その程度が大きくなると文書は目よりも手の動きに適合されるようになるということである。すなわち、まっすぐに文書を置いたときの目での知覚しやすさよりも、手による文書の扱いやすさを優先させ、手で扱いやすいように文書は傾けられる。そして、さらに強調したいのは、手で扱いやすいように傾きを調整することが、読み書きのパフォーマンスを向上させるということである。

実は、この現象は横書きの文書を読むときだけ観察される。私たちの一連の実験では、縦書きの文書を用いて読みやすさを評価させたが、文書を利き手と反対方向に回転させる現象は観察されなかった。縦書きの文書では、文書の見やすさを無視して大幅に回転させない限り、テキストをなぞりやすくならないためである。

さらに、私たちは英語の文書に対しても、読みやすい文書角度を探す実験を行った。結果として、英語の文書でも日本語の横書きの文書とほぼ同様の結果が得られた。文書を手で扱いやすいように傾ける現象は、言語に依存するのではなく、テキストを読む方向、すなわちテキストをなぞりながら読むときの手の動かし方に依存するのだと私たちは考えている。改めて「文書は手で読む」ものだという考え方が強調される。

7 統合的な操作

　文書操作、ページ操作、コンテンツタッチのいずれもが頻繁に出現する読みとして、ここでは議論のための読みへのメディアの影響を見てみる。

7.1　議論のための読み（実験 10）

　業務での読みは 1 人ではなく、しばしば複数人でなされる。アドラーら（Adler et al., 1998）の調査によれば、業務で生じる読みのおよそ 22% は複数人での協調の場で、議論することを目的としてなされる。議論や会話の際に利用するメディアが相手とのコミュニケーションにどのような影響を与えるのかを理解するために、まずはセレンとハーパー（Sellen & Harper, 2001）がイギリスの警察組織を対象に行ったフィールドワークの概要を紹介する。

　1990 年代に、イギリスの警察組織は犯罪時の事情聴取のプロセスを電子化しようと試みた。犯罪発生後の聞き取り調査で事件の解決につながる有効な情報が得られた場合には、すぐに情報を共有して、聞き取りの人員を再配分する必要がある。警察本部は情報の集約化と共有のために聞き取りプロセスを電子化することが有効だと考えた。また警官個人にとっても、その場でノート PC で入力すれば、手帳にメモを取って、本部に戻ってから PC に入力するより楽であろうという期待があった。

　しかし、結果的にはこの試みは失敗に終わった。警官が行う聞き取り調査は、単に情報を入手して本部に連絡するだけのことではなかったのだ。犯罪があったとき、被害者は混乱しており、怒りを吐き出し、自分の動揺を受け止めてくれる人を欲しがっている。被害者が最初に報告したいのは、

混乱した自分の状況であり、事件解決の糸口となる重要な情報ではない。そもそも被害者は解決につながる糸口が何なのかも理解していないし、論理的に考えられる状態にもない。警官は、被害者に寄り添い、怒りと混乱と動揺を受け止め、まるでカウンセリングのようなセンシティブなやり取りの中から、事件解決につながる情報を選別して入手するよう務める必要があったのだ。

　紙の手帳は、相手の顔を見ながら、相手の意見にうなずきながら、相手の口調や抑揚に注意して、重要な情報をメモすることを可能にし、被害者との円滑なコミュニケーションをうまくサポートしていた。

　これに対して、ノートPCを現場に持ち込むと、警官は被害者ではなくノートPCを見て聞き取りをするようになった。ノートPCへの入力項目が定められていたこともあり、警官が被害者の話を遮ったり、話の流れをコントロールすることもあった。被害者は、警官が自分を助ける存在だとは思わず、必要な情報を聞き出すだけの人間だと考えるようになった。結果として、警官は被害者との信頼関係の構築に失敗し、必要な情報を聞き出せなくなった。

　この逸話から、ノートPCはセンシティブなやり取りが求められるコミュニケーションを壊す可能性があることがわかる。しかし、セレンとハーパーの調査から10年以上が経過し、ノートPCよりも紙の書籍や手帳に近いデバイスとしてタブレット端末が登場した。そこで、議論や会話の場面で活用するツールとしてタブレット端末がコミュニケーションで利用するメディアとしてどれだけ紙に近づいているのかを調べる実験を行った。実験の詳細については、別の文献（Takano et al., 2012）を参照されたい。

実験方法

　実験の課題は、同じ観光ガイドブックを見ながら、2人で1日の観光プ

ランを立てることである。1人が一方的にプランを立てて他方に伝えるのではなく、2人で意見を出し合いながら、両者の納得のいく観光プランを立てることを目標にしてもらった。ガイドブックは「地球の歩き方 イタリア 2011〜2012」(ダイヤモンド社)から抜粋したものを利用し、記載内容には地図、観光スポットの紹介、レストランなどがあった。

作業環境は、紙の書籍を利用する「紙条件」、タブレット端末を利用する「タブレット条件」、ノートPCを利用する「ノートPC条件」の3種類である。各々の作業環境での作業風景を図45に示す。紙条件ではガイドブックを紙にプリントし、左側をホチキス留めしたものを利用した。タブレット条件では、タブレット端末としてiPad2を利用した。ノートPC条件では、15.6インチのディスプレイを持つノートPCを利用した。

実験の参加者は20〜30代の24名で、2人1組で課題を行ってもらった。実験での作業がぎこちないものにならないよう、実験前から互いに顔見知りの2名がペアになるようにした。

図45 紙の書籍(A)、タブレット端末(B)、ノートPC(C)の各条件での作業風景

結果と考察

分析では、議論がどれだけ活発だったかを示す代替指標として「発話量」、どれだけ相手と作業文脈を共有しているかを示す代替指標として「指示代名詞の使用頻度」、どれだけ相手に配慮して議論しているかを示す代替指

標として「アイコンタクトの頻度」を集計した。

図 46 は各条件での発話量（総作業時間に占める発話時間の割合）を比較したものである。紙の書籍を利用する場合には、タブレット端末やノート PC を利用する場合に比べて有意に発話量が多い。実験では、紙書籍の利用では、タブレット端末に比べて 8.0%、ノート PC に比べて 9.6% 発話量が多かった。タブレット端末の利用とノート PC の利用の間に、発話量の有意差はなかった。

観光プランを決定するには、どの観光スポットをどの順番で訪問するか、どこのレストランで食事をするかを決める必要がある。これらの検討には、観光スポットやレストランの紹介が記載されたページと地図を見比べて決定する必要があり、これらのページを何度も行き来して訪問先を検討することになる。タブレット端末ではページ間の行き来がしにくく、議論よりも端末を操作することに注意が向けられたことが報告された。ノート PC では、この作業がもっと面倒であり、2 人で 2 台のノート PC の画面を並べて、地図を見る人と観光スポットやレストランを見る人とに役割分担して作業するシーンも観察された。

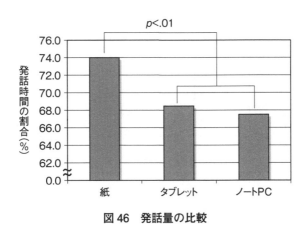

図 46　発話量の比較

図47は指示代名詞の使用頻度（1分あたりの出現頻度）を比較したものである。指示代名詞は「あれ」「それ」で代表される代名詞である。「あれ」「それ」で話が通じるのは、相手が何をしているか自分が知っており、また自分が何をしているか相手も知っているという自信があるためである。指示代名詞で情報伝達ができないと、相手に情報を伝えるために個々の観光スポットやレストランを固有名で呼ぶ必要があり、コミュニケーションが冗長になる。

　紙の書籍の利用ではタブレット端末利用時よりも有意に指示代名詞の使用頻度が高く、またタブレット端末利用時はノートPC利用時よりも有意に指示代名詞の使用頻度が高かった。紙の書籍の利用では、タブレット端末利用時に比べて35.7%、ノートPC利用時に比べて74.5%も指示代名詞の使用が多かった。

　紙の書籍を利用する条件では、相手に文書を持って見せたり、相手の文書を指差しながら発話するシーンが多く見られた。紙の書籍ではこうした行為が気軽に行え、これが双方の作業文脈の把握を促進させたものと考え

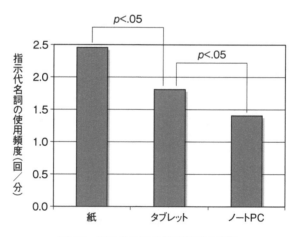

図47　指示代名詞の使用頻度の比較

る。タブレット端末でも、相手の近くに端末を移動し、指差しながら議論するシーンも見られた。こうした行為が作業文脈の共有につながったものと考える。

図48はアイコンタクトの頻度（1分あたりの発生頻度）を比較したものである。アイコンタクトには、相手に好印象を与えたり、相手に意図や感情を伝える役割があり、時には相手との発言権を調整することもある。

紙を利用した条件では、タブレット端末やノートPCを利用する場合よりも有意に多くのアイコンタクトが観察された。タブレット端末の利用とノートPCの利用の間に有意差はなかった。実験では、紙の書籍の利用では、タブレット端末の利用に比べて93.8%、ノートPCの利用に比べて124.3%（2.4倍）もアイコンタクトが多かった。

紙の書籍では、文書を持ち上げて閲覧するシーンが何度も観察された。文書を持ち上げると、自分の顔を上げて文書を閲覧することになり、相手の顔が見やすくなる。逆に、タブレット端末では下に置いて作業することが多いため、相手の顔を見るのに、自分の顔を持ち上げる必要がある。こ

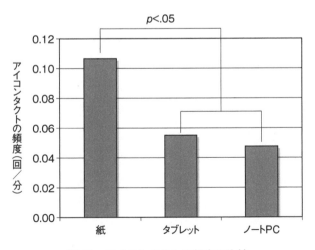

図48　アイコンタクトの頻度の比較

の状態では、相手の様子をさりげなくうかがうことが難しい。さらには、タブレット端末やノートPCでは異なるページ間を行き来する操作が難しく「操作に気が取られて、集中できなかった」などの報告もなされた。

　まとめると、発話量、指示代名詞の利用頻度、アイコンタクトの頻度の3つの指標について、紙の書籍は電子メディアよりもコミュニケーションを促す効果が見られた。紙の書籍の利用は、議論を活性化し、相手との作業文脈の共有を促進し、相手に配慮した議論を可能にすると言えるだろう。一方、タブレット端末の使用には、指示代名詞の使用頻度をノートPCよりも高める効果が見られた。相手との作業文脈の共有を促進する効果がノートPC利用時よりもあると言えるだろうが、全体としてはまだ紙の書籍のレベルには到達していない。

　ただし、この結果をもとに、議論や会話の場面ではタブレット端末やノートPCではなく紙の書籍を利用すべきだと安易に主張するつもりはない。電子機器には、ネットワークを介して膨大なインターネット情報にアクセスできるという大きな利点がある。今回の実験では、アクセスできる情報量の違いではなく、文書内の情報アクセスの操作性がコミュニケーションに与える影響を分析することを目的としたため、タブレット端末やノートPCの電子機器でのネットワークアクセスを禁じた。しかし、今回の実験のように観光プランを立てるような状況では、インターネット情報にアクセスできることのメリットは明白である。

　この実験から得られる示唆は、相手に配慮したコミュニケーションが求められる状況では、電子メディアの使用がコミュニケーションに悪影響をもたらす可能性があるということである。そして、この点を認識した上で、電子メディアがもたらすネット検索やネットでの各種サービスの利点をふまえ、状況や目的に応じて適切なメディアを選択すべきだろう。

8 まとめと考察

　業務で見られる読みは、しばしば複数の文書に対してなされ、異なるページを行き来したり、文書に書き込みしながら読んだりすることが多くある。本章では、こうした特徴を持つ読みについて、メディアの操作性が読みのパフォーマンスに与える影響を調べた。結果を表5にまとめる。

表5　業務の読みでのメディアの比較実験の結果のまとめ

操作分類	実験の狙い	頻繁な操作	結果
文書操作	実験1. 相互参照読みでの紙とPCの比較	文書を移動する、並べる、重ねる	紙はPCより25.5%速い。エラー検出率は10.7%高い
文書操作	実験2. 文書移動、位置調整のしやすさを評価	文書を移動する、位置を調節する	紙はPCより、文書数1のとき62.9%、文書数2のとき40.6%、文書数3のとき23.3%速い
文書操作	実験3. PCの大画面環境とデュアル環境の比較	ウィンドウの切替え、移動、サイズ変更	デュアル環境のほうが、ウィンドウ操作コストが小さい
ページ操作	実験4. ページの行き来のしやすさを評価	ページ間の行き来	紙はPCより6.8%速い
ページ操作	実験5. テキスト情報の探しやすさを評価	特定のページにジャンプ、読みながらめくる	紙はPCに比べて36.5%速い。タブレットに比べて38.6%速い
ページ操作	実験6. パラパラめくり、ナビゲーションのしやすさを評価	特定のページにジャンプ、ページをばらばらめくる	紙はPCより20.9%速い。タブレットより30.2%速い
コンテンツ操作	実験7. 校正読みでの紙とタブレットの比較	なぞる、ポインティングする	紙はタブレットより17.2%エラー検出率が高い
コンテンツ操作	実験8. コンテンツタッチの効果を検証	なぞる、ポインティングする	コンテンツタッチを制限すると、誤り検出率が低下
コンテンツ操作	実験9. コンテンツ操作を伴う読みと文書の傾きの関係を調査	なぞる、線を引く、文字を書く	コンテンツ操作が増えるにしたがって、文書は利き手の反対方向に傾けられる
統合的な操作	実験10. 議論への影響を比較	情報を探す、ページ間を行き来	紙はタブレットより8.0%、PCより9.6%発話量が多い。紙はタブレットより35.7%、PCより74.5%指示代名詞の利用頻度が高い。紙はタブレットより93.8%、PCより124.3%アイコンタクトが多い

紙は操作メディア

これまでの実験結果を総合的に考えると、文書を移動したり、並べたり、ページをぱらぱらめくったり、異なるページを行き来したり、テキストをなぞったりしながら読む場合には、電子メディアに対する紙の優位性が示される傾向にある。そして、こうした行為が多い読みほど、紙の優位性が顕著に示される傾向がある。上記のような行為を行うのに紙は優れたツールであり、こうした行為のしやすさ（あるいは逆に電子メディアでの行為のしにくさ）が、読みのパフォーマンスに影響を与えているのである。

紙でできることの大半は電子メディアでもできる。紙の操作性がよいとは言っても、作業時間にしてみれば、その違いはわずかでしかないだろう。しかし、紙では文書に対する多様な操作の認知負荷が小さいため、考えながら、話しながら、聞きながら操作できる。

これに対して電子メディアでは操作の認知負荷が高く、文書操作の際に思考に中断が生じる可能性がある。人は集中作業では、たとえわずかであっても思考が中断されるのを嫌がるものだ。そして、文書を移動したり、位置を微調整したり、ページをめくったり、異なるページを行き来したりという頻繁な作業で生じる細かな思考の中断が、電子メディアを利用する場合の読みのパフォーマンスの劣化につながっているものと考えられる。

こうした点をふまえ、私たちは紙の読みやすさは「見やすさ」ではなく「扱いやすさ」によるところが大きいと考えている。見るだけならば紙で読んでも電子メディアで読んでも読みのパフォーマンスに大差はないが、手を使って文書を操作しながら読む場合には電子メディアに対する紙の優位性が顕著に示される。

こうした紙の利点を強調して、紙は「表示メディア」というよりも「操作メディア」という表現を私たちは好んで使う。読む行為は目を用いてなされるが、同時に手も使う。文書は目で読むだけでなく「手で読む」とも

第5章　読みへの操作性の影響

言えるのである。読みにおける紙の利点を引き出すためには、頻繁に手を使って文書と格闘するような状況においてこそ、文書は紙で読むべきだと言えるだろう。

第3章で見たように、主観的には紙に表示された文書は見やすく、目にやさしいと判断されることが多い。しかし、読みのパフォーマンスへの影響という観点から、現在の電子メディアは十分に高品質な映像を表示可能である。少なくともオフィス業務での利用を考えると、電子メディアが紙に及ばない点は、メディアの表示特性よりも操作性の問題のほうが大きいと私たちは考えている。

紙はなぜ扱いやすいのか

ここで、もう一歩、考察を進展させる。紙の扱いやすさがどのようにもたらされているのかを考えてみたいと思う。

紙は物理的実体（モノ）であり、紙は情報を実体化（モノ化）する。紙に情報を乗せることで、紙の整理は情報の整理になり、紙の移動は情報の移動になる。紙ではページ内での情報が固定して表示されるため、紙の大きさやページの枚数が情報の量に比例する。すなわち、紙の書籍は情報の量を物理的に見て触って把握できるようにする。端的に言うと、紙は触ることのできない抽象的な情報を触って操作できるモノにする。情報の整理や移動をモノの整理や移動で代替でき、情報の量をモノの重さで感じられるようになる。そして、モノに対する操作は、次の点で優れている。

第1に、物理的なモノの扱いについて、私たちは子供の頃から慣れ親しんでいる。紙文書を移動するには、文書を持ち上げて腕を動かすか、文書を押さえて机の上でスライドさせる。この操作方法は紙に限らずペンやコップなどに対しても適用でき、物理法則が変わらない限り生涯不変の操作方法である。すなわち、モノに対する操作のスキルは、一旦、体得すれ

ば生涯にわたって利用可能なスキルとなる。私たちは3次元の物理空間の中で生きているため、3次元空間での物理操作に習熟することは、単なる慣れの問題を超えて、生存上の必須事項であると言えるだろう。

これに対して電子文書の移動では、マウスを介してドラッグ操作を行う。日常生活も含めて、生涯でモノと電子のどちらの移動の回数が多いかといえば、間違いなく前者であろう。そして、電子メディアではデバイスやアプリケーションの違いにより、操作のフィーリングが少しずつ異なる。場合によっては、同じアプリケーションでもバージョンの違いにより操作方法が異なることもある。こうしたことは、行為の自動化をもたらす慣れを形成する際の阻害要因になる。

第2に、モノに対する操作は視覚のみに依存せず、操作結果についても触覚や聴覚を含めた豊富なフィードバックがある。これに対して、電子メディアでの操作の多くは視覚に依存し、操作の際に操作位置に目を向ける必要がある。したがって、ページめくりの際には、いま読んでいる箇所から目をそらさなくてはいけない。逆に紙では、別の方向を見ていても、手の感触でページをめくれる。そして、触覚や聴覚のフィードバックも得られるため、操作に誤りがある場合には簡単に気づくことができ、話したり、聞いたりしながらの操作でも正しく操作が行えているという安心感を持つことができる。

第3に、モノに対する操作では、10本の指と両手を使って多様で複雑な操作を簡単・迅速・柔軟に行うことができる。例えば、紙では複数の文書を同時に、そして時に別々の方向に移動できるなど柔軟な操作が可能だが、PCのウィンドウ環境では文書を1つひとつ個別に移動しなくてはならない。また、紙の書籍では、ページをぱらぱらめくっている最中に気になる箇所があると、そのページに瞬時に指をはさんで後で簡単に戻ることができる。電子メディアでも複数のしおりを挿入することもできるが、紙の書籍のように自然で無意識的に、かつ迅速には行えない。

第5章　読みへの操作性の影響

　第4に、モノの使い方はモノの形状から類推できる。これに対して電子メディアでは、文書の操作方法がソフトウェアとして隠れてしまっているため、デバイスを見ただけでは使い方はわからない。例えば、電子環境ではアイコンの移動方法も OS ごとに操作方法が異なる。モノの移動では、モノの物理的形状から持ち方や動かし方をある程度予想できる。したがって、モノの操作方法の学習コストは、電子メディアでの学習コストに比べて格段に小さいはずだ。

　まとめると、モノに対する操作は子供のころから慣れ親しんだ自動化に近い行為であり、操作方法もそのフィードバックも視覚のみに依存せずに音声や触覚など多様な形態で提供され、操作方法も多様で柔軟であり、モノの形状から容易に操作方法を類推できる。紙の扱いやすさは、こうした行為を可能にする紙の物理特性によって支えられている。

　モノの物理特性を機能的側面から見た表現として「アフォーダンス」という概念がある。アフォーダンスは心理学者のギブソン（Gibson, 1979）が提唱したもので、それをセレンとハーパー（Sellen & Harper, 2001）が紙の役割の分析に援用した。アフォーダンスとは、モノの知覚された特徴（形、色、材質など）がどのような行為を可能にするかを決定するという考え方である。

　たとえば、紙は薄くて、軽くて、柔軟性があるからこそ、持ったり、運んだり、整理したりすることをアフォードする。誤解を恐れずに言えば、紙の使い方は紙の物理特性が決めているとする考え方である。私たちが紙を持ったり、運んだり、整理したりするのは、紙の物理特性がそれを私たちに求めているからだと考えるのである。さらに言えば、紙は水分を吸収して、手に吸いつき、しなやかだからこそ、触ったり、折ったりすることをアフォードする。紙はインクを吸収して定着させるからこそ、書き込むことをアフォードする。モノの形状やテクスチャーはモノの使い方、さらには人の行動の重要な決定要因になっており、その側面を強調した表現が

137

アフォーダンスなのだと言ってよい。

　物理的なモノとしての特徴に支えられた紙の利点は、他のメディアにより置き換えることが難しい。それは、紙のアフォーダンス、すなわちモノの知覚された物理特性を電子的に模倣することが難しいためだ。第2章で述べたように、紙には適度な摩擦があって書きやすい、手になじむため手で扱いやすい、適度なしなりがあるためページめくりしやすいなどの物理特性がある。そしてそれは、すでに述べたように、長い年月をかけて少しずつ改良を重ねてきた結果であり、筆記用具やカバンなどの周辺の道具とともに共進化してきた結果である。モノの触覚・力覚を電子的に再現するバーチャルリアリティの研究開発も活発に行われているが、紙文書と同レベルでの操作性と安定性を実現するにはもう少し時間が必要であろう。

第6章

読書への集中の
しやすさ

ディスプレイでは、読書に集中することができない。やはり、読書に没頭したいのならば紙の本に限る。そのように主張する人は多い。本章では、この主張を巡って紙と電子環境の違いを考察する。まずは、多くの人が紙の本のほうが集中しやすいと思っているという調査結果を示す。次に、電子環境だとなぜ読書に集中しにくくなるのか、その原因を追究する。最後に、紙の書籍を読む場合と電子書籍を読む場合の読みのモードの違いと、それが及ぼす理解や記憶への影響について述べる。

第 6 章　読書への集中のしやすさ

電子環境では読書に集中できない

　読むという行為は、ただ文字さえ追っていれば、自然に内容が理解できるといったものではない。意識的に意味のまとまり、すなわち解釈を、読み手が能動的につくりあげていくプロセスである（秋田，2002）。したがって、読書への注意の集中と持続が必要となる。読書に高度に注意を向けている状態が「読書に没頭（没入、熱中）している」ということであり、頭のなかでは、物語の世界に浸りこんで登場人物と自分を重ねたり、場面をイメージしたり、あるいは論説の妥当性について深く考えたりしている。

　没頭状態にあると、外界や自身の状況に対する感受性が低下する。かくして、読書に夢中になりすぎて、いつもの駅で降車し忘れてしまうという失敗さえ起こる。しかし、読書への集中や没頭は、読書の醍醐味とも言えるものである（詳しくは、小山内・楠見，2013）。

　紙の本に比べると、電子環境では読書に集中したり没頭しにくいと思う人は、きっと多いのではないだろうか。実際、いくつかの調査結果は、それを裏付けている。例えば、私たちの調査では、「没頭・没入のしやすさ」は、紙で読むほうがディスプレイで読む場合に比べて圧倒的に高いという結果が得られた（第3章参照）。

　アメリカン大学のバロンは、その著書『Words Onscreen』（Baron, 2015）のなかで、アメリカ、日本、ドイツの大学生たちを対象にした紙の書籍と電子書籍の選好性に関する調査を報告している。そのなかで、読書の際に「紙の書籍と電子書籍のどちらが、集中しやすいですか」という質問をアメリカ人332名に質問したところ、92％が紙の書籍であると回答した。日本人119名に対するアンケートでも92％、ドイツ人82名に対するアンケートでは98％が紙の書籍のほうが集中しやすいと回答した。いずれの

141

国でも、紙のほうが集中しやすいという回答が9割を超えている。多くの学生にとって、紙の書籍のほうが電子書籍よりも読書に集中しやすいのだとわかる。逆に言えば、電子環境は読書に集中しにくいということである。

第6章 読書への集中のしやすさ

2 読書への集中を阻害する電子環境特有の要因

　電子環境では、いったい何が読書に対する集中を阻害しているのだろうか。主な阻害要因として、読書に関連のない外乱刺激の存在、ハイパーテキスト、マルチタスクへの誘導、読書のための操作が考えられる。

2.1　読書に関連のない外乱刺激

　紙の本を開いて読んでいる場合、ページ上のテキスト以外に、目に入るものはあまりない。視界に気を散らしそうなものがあったとしても、私たちは、それが見えないように体の向きを変えたり、邪魔なものを片付けたり、場合によっては読書の場所を変えることもできる。

　これに対して、ウィンドウシステムで文書を読む場合、テキスト以外のさまざまな対象が視野に入ってくる。背景に隠れたウィンドウ、さまざまなメニュー、デスクトップ上のアイコン、点滅するカーソル。これらは、目下の読書とは関係のないものである。たとえそれらがそれほど目立たないものだとしても（カーソルの点滅は除く）、気を散らせるのに十分なものである。この点は、すでに第3章で述べたとおり、ディスプレイでの読書の阻害要因のひとつである「視覚的外乱」としてとりあげたものである。

　より強固で騒がしい外乱刺激（注意を強制的に向けさせるような刺激）もある。ウェブページでは、ページの一部に動画を表示すること（主に広告）があるが、「動き」や「音」は、私たちの注意を奪う。また、読書から完全に注意をそぐような外乱刺激として、さまざまなアラートがある。エラーメッセージの表示、メールやメッセージの受信を示すポップアップなどである。読書から注意を奪わなければ、アラートとして機能しないわけ

143

であるが、自分が設定したものでもなく、さして緊急でもないアラートが、現在のコンピュータ環境では続々と襲ってくる。カー（Carr, 2010）は、この状況を次のように述べている。

　　ある新聞のサイトで最新のヘッドラインを見ていると、新着メールがアナウンスされる。その数秒後には、お気に入りのブロガーがブログの記事を更新したことを、RSS リーダーに教えられる。すると間髪入れず、今度は携帯電話の受信音が、メールの到着を知らせてくる。そのあいだ、スクリーン上ではフェイスブックやツイッターのアラートが点滅していたりするのだ。（Carr, 2010）

こうした状況で、読書に没頭できるわけがない。注意を持続できない状況でも、断片的な情報や短い記事ならば、さっと目を通すことはできる。第1章で指摘したように、電子環境で、走り読み、斜め読み、飛ばし読みが横行するのは、ウェブやネット環境に特有な非線形的で（すなわち、ハイパーリンクを利用した）、空間分割的な情報表示のしかたに原因があると考えられる。それでも、このような情報表示法は、注意を長時間持続できないような状況での「浅い読み」には、きわめて合理的なものである。しかし、外乱の多い環境では、注意が持続せず、「深い読み」や読書への没入は難しくなる。

2.2　思考を分散させるハイパーテキストのリンク

電子文書では、テキストの中の語句にリンクが埋め込まれていて、それをクリックすることで、別のページに飛んで、その言葉の意味や補足説明、引用文献を表示したり、時にはグラフィックスや音声などを表示する仕組みがある。お馴染みの「ハイパーリンク」の機能であり、ハイパーリンク

の埋め込まれたテキストを「ハイパーテキスト」と言う。ハイパーリンクは、意味の補足だけでなく、効率的なナビゲーション（ページめくり）も実現する。例えば、目次の項目をクリックするだけで、特定の章や節のページを瞬時に開くことができる。

ハイパーテキストの概念は、戦時中の1945年にアメリカ国防研究委員会の議長であるヴァネヴァー・ブッシュにより「メメックス（memex）」というコンセプトのなかで提唱された。その論文のタイトルが『考えるように』（Bush, 1945）であることからもわかるように、ハイパーテキストは人間の知能を増幅させる思考支援ツールとして提案された。

その後、ハイパーテキストの実用システムが導入され、当初は効率的な読書を可能にするとともに、理解や学習の支援に有望な機能であるとして歓迎された（Conklin, 1987; Rouet et al., 1996）。また、マルチメディアコンテンツのリンク再生が可能なハイパーメディア（リッチメディア）の辞書、図鑑、教材、書籍も出版され、新しい読書体験をもたらし、楽しくてわかりやすい説明を提供するものとして期待された。今でも、そのように考えている人も多いだろう。しかし、その後、このような期待を裏切るような研究結果が、いくつも報告されるようになった（レビューとして、DeStefano & LeFevre, 2007）。

例えば、マイアルとドブソン（Miall & Dobson, 2001）は、17歳から28歳までの70人を2つのグループに分けて小説を読ませた。その際、一方のグループにはリンクありのハイパーテキストで、もう一方のグループにはハイパーリンクなしで読んでもらって、どちらが内容をより理解できるかを比較した。

その結果、ハイパーテキストグループは、リンクなしグループに比べて、読みに要する時間が長くなった。これは、リンク先の文章を読むように要求されているので、当然のことである。しかし、驚くべきことに、ハイパーテキストグループの75％が、物語を理解するのが困難だと回答した。

一方、ハイパーリンクなしグループで、そうした回答をしたものは、10%にすぎなかった。

ハイパーテキスト形式で小説を読んだ参加者のひとりは、読後感を「物語は、とても飛躍の多いものでした。それがハイパーテキストによって生じたのかはわかりませんが、リンクを選択すると突然話の流れが理解しがたくなり、あたらしい考えに飛躍したようで、まったくついていけなくなりました」と語った。

テキストに散りばめられたハイパーリンクは、ゴシックや色文字で強調されており、無視しようとしても私たちの注意をとらえては離さない。さらに、ハイパーリンクが埋め込まれた箇所に出会うたびに、クリックするかしないかの意思決定を強いられ、スムーズな読書は短時間にせよ、中断されることになる。そして、リンク先にジャンプして、説明を読んで戻ると、先ほど読んだ内容はすでに記憶から脱落していることさえある。したがって、テキスト内に埋め込まれたリンクの数が多いほど、読むのに時間がかかり、理解度が低下することになる (Zhu, 1999)。

さらに、リンク先の文書にも、ハイパーリンクが埋め込まれていて、それをクリックしたりすると、いまどこにいるのか、何を読んでいたのかわからなくなってしまうこともある。まさに、ネット世界で迷子になってしまうわけである。

ハイパーテキストを読んだ場合の理解力や記憶の低下は、逆向性干渉が原因のひとつだと考える研究者もいる (Moser et al, 2016)。すなわち、リンク先で読んだ文の記憶が、その直前に読んだ本文のテキストの記憶に妨害的に作用する可能性がある。

ハイパーリンクは、常に理解を阻害するものではない (詳しくは、DeStefano & LeFevre, 2007)。しかし、上述したように、読書への持続的注意を分断し、その結果として理解を阻害してしまう危険があることも知っておくべきであろう。

第6章 読書への集中のしやすさ

2.3 マルチタスク（「ながら読書」）を誘う多機能な電子機器

　マルチタスク（multitasking）とは、もともとコンピュータ科学の概念で、コンピュータで複数のタスク（プロセス）を切り替えて実行できるシステムのことである。これになぞらえて、人間が複数の作業を同時に行う場合にも、この言葉を用いるようになった。しかも、生産性を高めるために、マルチタスクをうまくこなすことが必須のスキルであると主張されることさえあった。例えば、顧客向けに電子メールを書きながら部下に今日の仕事の指示を出したり、講義を聴きながらメールを書いたり、運転をしながらスマホで友人に通話したり——最後の例は危険行為であり道路交通法違反となる——などは、典型的なマルチタスクである。日本では、以前から「ながら行為」と呼ばれている。

　しかし、心理学で古くから知られているように、同時に2つ以上のことを意識しながら実行しようとしても、人間の情報処理能力の限界によってうまく遂行できない。無理やり2つの作業を同時に行なおうとすれば、多くの場合、注意が分散して、それぞれを単独に行った場合に比べて、成績や効率が低下してしまう[12]。こうした点をふまえて、マルチタスクは非効率なものであり、一度に1つの作業だけに集中することが、最速で最大の成果を得るための方法であるという見解のほうが妥当だという見解が、今は主流になっている（Zack, 2015）。

　読書中のマルチタスク、すなわち「ながら読書」は、紙の文書を読む場合に比べて、電子環境のほうが頻繁に起こるという調査結果がある。**図49**

---

[12] 「ピアノを弾きながら歌う」「運転をしながら話をする」という例のように、2つ以上の作業の同時遂行がつねに不可能というわけではない。二重作業が可能か否かを規定する要因としては、一方の作業が自動的に（無意識的に）行なえる特性を備えているか、2つの作業の感覚モダリティの相違性、課題類似性、練習や訓練の程度、それぞれの作業の難しさなどが指摘されている。

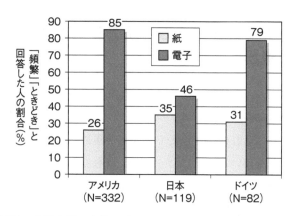

図49 質問「紙の書籍と電子書籍を読んでいるときに、読書以外の活動（マルチタスク）をどの程度行ないましたか」に対して「頻繁」「ときどき」と回答した人の割合（Baron, 2015 のデータをもとに作成）

は、既出のバロンの調査結果である（Baron, 2015）。紙の書籍と電子書籍を読んでいるときに、読書以外の活動をどの程度行ったのかの割合を示している。

　この結果を見れば、少なくともアメリカとドイツの学生では、電子書籍を読んでいるときのほうが、紙の書籍を読んでいるときよりも圧倒的に、読書以外の活動（マルチタスク）が多く行なわれていることがわかる[※13]。日本の学生の電子でのマルチタスク比率が低いのは、バロンによれば、日本の学生はマルチウインドウ表示のできないスマートフォンを使って読書することが多いためだとしている。

　なぜ、電子環境でマルチタスクが多くなるのかは、容易に推察できる。パソコン、タブレット、スマートフォンは、1台で何でもできることを売りにした多目的デバイスである。それらを使って文書を読んでいる場合で

※13　長期の訓練によって驚くべきマルチタスクが可能となるが（Spelke et al., 1976）、まだ、ふたりの話を同時に聞いて完璧に理解する人や、オーディオブックを聴きながら、通常の読書を同時に行える人の現実の報告例はない。

第6章 読書への集中のしやすさ

も、ユーザは、何か他にすべきことが思い浮かべば、アプリケーションを切り替えるだけで、その場でそれを実行できる。これに対して、紙の書籍を読んでいる場合、やるべきことやしたいことが思い浮かんだとしても、それをその場で即座に実行できるわけではない。デバイスのある場所に移動し、電源を入れて、アプリケーションを起動しなければならない。この手間の違いがマルチタスクを行うか否かの重要な要因になる。

また、多目的型のデバイスは、マルチタスクを誘うようなユーザインタフェースを備えている。例えば、読書中にデスクトップ上のメール箱が目に入ってしまえば、「今朝出張中の同僚に出したメールの返事が来ているか」などと連想的にやるべきことを想起してしまうことになる。たとえメール箱を開かなくても、連想的な想起が生じた段階ですでに注意が読書から離れてしまっている。そして、メール箱をワンクリックするだけで、返信の有無を確認できるとなれば、かなり強い意志の持ち主でない限り、その誘惑に抗うことは難しい。こうして、読書中のマルチタスク、この場合はメールの確認、が頻繁に行われることになる。アラートによって注意が読書から離れた場合も同じで、メッセージに関連する行為をその場で実行してしまえば、マルチタスクが行われることになる。

マルチタスクの遂行によって、メインタスクの効率やパフォーマンスが低下することは、多くの実験で確認されている。例えば、コーネル大学のヘムブルックとガイ（Hembrooke & Gay, 2003）の研究は、大学の講義内容の理解に及ぼすデジタルデバイスの利用の影響を扱ったものである。すなわち、大学生たちが講義中にしばしば行うパソコンでの「内職」の影響を検討したのである。彼らは、一方のグループの学生たちには講義を聴きながらノートPCでのウェブの閲覧を許し（マルチタスク条件）、他方のグループには講義中のPCの使用を禁じた。講義終了後に、講義内容に関して記憶検査（10問の再生検査と10問の再認検査）を実施した。

結果は、**図50**に示すとおりである。再生成績も再認成績も、ウェブの閲

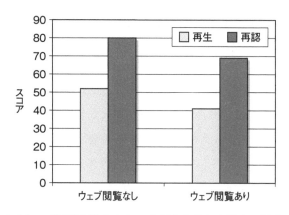

図50 クラスでウェブ閲覧を許さなかった場合と許した場合の再生・再認のスコア（Hembrooke & Gay, 2003のデータをもとに作成）

覧を許したグループのほうが著しく低いことがわかる。

　ノートPCの利用を許した学生たちが何をしていたかは、操作履歴を調べてみれば明らかになる。学生たちは、講義内容に関連するサイトだけでなく、それとは関連のないサイト、すなわち、メール、娯楽、買い物、ニュース、ビジネスなどのサイトを閲覧していた。明らかに、これらの活動が講義を聴く時間や集中の持続を奪い、その結果として記憶が低下したのである。同様の研究結果は、他の研究でも得られている（Fried, 2008；Wood et al., 2012）。また、教室の中でスマートフォンやノートPCの利用が許可されている場合には、これらのデバイスを利用している学生だけではなく、利用していない学生も成績に悪影響が生じることが報告されている（Sana et al., 2013；Glass & Kang, 2018）。

　ヘムブルックとガイの研究では、メインタスクは講義を聴いて理解することであり、サブタスクはPCによる内職であった。しかし、メインタスクが読書である場合にも同様な結果が得られるであろうことは、容易に推察できる。すなわち、読書中に、それとは別の何らかの作業を行なえば、読書効率や理解の程度などが低下することになるだろう。

第6章　読書への集中のしやすさ

　ボウマンら（Bowman et al., 2010）は、3つのグループの学生たちにディスプレイに表示される心理学のテキストのある部分を読んで理解するように要求した。第1のグループは、テキストを読む前に5つのインスタントメッセージに対して返信を行なってからテキストを読んだ。第2のグループはマルチタスクグループであり、テキストを読んでいる最中に、返信を書くように要求した。第3のグループは、インスタントメッセージに返信することなく、単にテキストを読んだ。

　3つのグループの理解度テストの成績に差は認められなかったが、テキストを読んで理解するのに要した時間は、インスタントメッセージに応答するための時間を除いても、第2グループで最も長くなった。すなわち、読書中にインスタントメッセージに返信を書くことは、テキストを読んで理解する効率を阻害したと結論できる。

　また、ロサンゼルス子供デジタルメディアセンターのサブラマンヤンら（Subrahmanyam et al., 2013）は、読み書きに及ぼすメディアのタイプとマルチタスクの効果について検討を行っている。彼らの最初の実験では、120名の学生が、紙のプリント、ノートPC、iPadのいずれかのグループに割り当てられて、簡単な文章と難解な文章を読んで内容を理解するように要求された。各グループの半数の学生は、文章を読んでいる間に、彼らがいつもやっているように携帯電話への応答やインターネットの閲覧を許された（マルチタスク条件）。残りの半数は、携帯電話やインターネットを使わないように指示された。

　図51に結果を示す。簡単な文章と難解な文章でも、読むのに要した時間は、携帯電話やインターネットを使ったマルチタスクグループのほうが、使わないグループよりも長くかかった。また、紙のプリントでテキストを読んだグループは、ノートPC、iPadで読んだグループより読む時間が短い傾向が認められた。なお、理解度テストのスコアには、メディアの種類や携帯電話やインターネット利用の有無による差は認められなかった。

151

以上の結果は、紙で読む場合も、近くにPCやタブレットがあってそれらを使える状況では、読書への集中が妨げられることは避けられないが、紙のプリントでテキストを読むほうが、PCやタブレットで読むよりも比

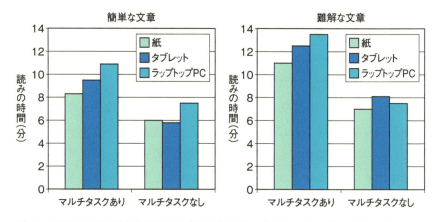

図51　簡単な文章（左）と難解な文章（右）を紙、タブレット、ラップトップPCで読んだときのマルチタスク条件と非マルチタスク条件での読みの時間の比較（Subrahmanyam et al., 2013のデータをもとに作成）

較的効率がよいことを示唆するものである。
　参考までに、スマートフォンで音楽を聴きながらニュース記事などを読んでいる人を電車のなかでよく見かけることがあるが、これもマルチタスクである。BGMが読書や学習に及ぼす効果については、古くから多くの研究があり結果も様々である。これらの研究を再分析したメタ分析研究（Kampfe et al., 2011）によれば、BGMには緊張を緩和したり不安を和らげたり肯定的な感情を喚起させるという効果はあるものの、文章の理解や記憶には若干の阻害的な影響があると結論している。そして、ある程度の慣れが必要だが、歌のないクラシック音楽などを、ボリュームをしぼって聴きながら読書を行なえば、BGMによる妨害は最小限に抑えられるとしている。

2.4 読書中の操作のしにくさ

　第5章では、私たちは、読むためのデバイスが、紙に比べて扱いにくく、その操作による負荷がテキストの読みの速さや理解に悪影響を及ぼすことを多くの実験結果を示しながら紹介した。例えば、ページをめくる場合、紙の本ならば、読書に集中しながら、手でめくることができる。手でめくる行為はほとんど無意識的になされるため、読書への注意の集中や持続を大きく阻害することはない。

　一方、パソコンの画面で文書のページをめくる場合は、ページをめくる行為自体に注意が必要になる。マウスの位置を確かめて右手で握り、マウスホイールを回しながらページをスクロールしながら次のページが適度な大きさで表示されるように注意深く調整するか、マウスのカーソルをページの右横にあるページ切り替え用のサイドバーに合わせてボタンを押しながら動かさなければならない。こうした操作は、無意識的に実行したくてもできないのである。すなわち、操作が意識的な注意のもとでなされ、その間、読む行為はストップしてしまう。そして、こうした操作を行なうたびに、読書への集中は途切れてしまうことになる。

　要するに、読むための電子デバイスのユーザインタフェースが、注意を奪うように設計されているのである。キンドルなどの電子書籍リーダーは、操作が読書を妨害しないように配慮していることが実感できるものの、紙の書籍ほどではないことは、第5章で検証したとおりである。

3 電子では具体的なこと、紙では抽象的なことに注意が向く

　カーネギーメロン大学のカウフマンとダートマス大学のフラナガンは、2016年に共同で、紙とデジタルのメディア比較論の観点から見て、きわめて興味深い研究結果を報告した（Kaufman & Flanagan, 2016）。紙で作業をおこなうときと、電子デバイスで作業を行うときとで、人は、処理のモードが変わってしまうというのだ。すなわち、紙で作業を行うと文脈に依存しない抽象的な解釈を行いやすくなり、電子環境だと具体的で詳細な情報に意識が向くようになる。彼らは、4つの実験でこれを検証しているが、ここでは最初の2つの実験を紹介しよう。

　最初の実験は、具体的-抽象的な解釈傾向を測定するための心理学的なテストである Behavior Identification Form（Vallacher & Wegner, 1989）を使って、紙と電子環境の処理モードの違いが検討された。参加者は、77名の学生で、40名は iPad で、37名は紙でこのテストを受けた。このテストは、簡単に言えば、行動を具体的に描写するか、それとも抽象的に描写するかの当人の選好傾向を測定するものである[14]。例えば、ある質問では、「読む」という行為に対して、(a)「プリントの行を目で追うこと」、(b)「知識を得ること」の2つの選択肢を与えられて、自分のとらえ方がどちらに近いかを選ぶことで、その傾向が判定される。この場合には、(a)を選べば、具体的な思考傾向が高く、(b)を選べば、抽象的な思考傾向が高いと判断される。

　25個の質問項目について、自分の思考がどちらに近いかを2択で回答を求め、それを得点化することで、思考の抽象度を算出する。最高点は

※14　このテストの Web 版が公開されている。
　　　http://psy2.fau.edu/~vallacher/insights_BIF.html

25 点で、得点が高いほど抽象的な思考傾向が高いと判断される。

この実験で、紙のプリントでこのテストを受けた学生の平均点は18.56、iPadでこのテストを受けた学生の平均点は13.75であった。両者には、統計的な有意差が認められた。しかも、タブレットの使用頻度はグループ間で違いがなかった。したがって、紙のプリントでテストを受けると、iPadでテストを受けた場合よりも、抽象的な思考傾向が強まると言える。

次の実験を紹介すれば、紙と電子というメディアの違いだけで、具体-抽象というものの見方が変化してしまうことが、より明確になるだろう。この実験では、81名の学生が短編小説を読み、再認検査を受けた。再認検査とは、記憶検査の一種で、書かれていたことと書かれていなかったことを混ぜて提示して、書かれていたことを正しく選ぶことができるかを評価するためのテストである。この小説は、主人公が休日に自分の家族の家に訪れたときの記憶を扱った作品であり、きわめて具体的で詳細な描写と、高次な推論を要する内容が含まれていた。

81名の参加者のうち、39名が紙のプリントで、42名はノートPCを使ったPDF文書でこの小説を読んだ。再認テストは多肢選択形式のもので、12問が具体的な描写に関するもの、残りの12問が推論を要するものであった。

結果は、**図52**に示すとおりである。具体的描写の再認検査の得点は、小説をノートPCで読んだグループのほうが、紙のプリントで読んだグループよりも高かった。しかし、推論を要する抽象的内容に関する再認検査の得点は、これとは反対に、紙のプリントで読んだグループのほうが高かった。

カウフマンとファラナガンは、問題解決課題においても、紙は抽象的な思考を、デジタルデバイスは具体的な思考を導きやすいことを検証しており、この現象はかなり再現性の高い強固な現象であると述べている。

なぜ、デジタルデバイスが低レベルの具体的な事柄に注意を向けさせた

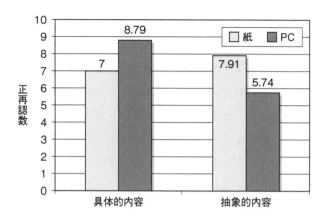

図52 紙のプリントで読んだ時とノートPCで読んだ時の小説の具体的な内容と抽象的な内容の再認成績の違い（Kaufman & Flanagan, 2016のデータをもとに作成）

のかについては、いくつかの説明が可能だとしながらも、彼らは次のように推察している。すなわち、デジタルテクノロジーの利用によって、マルチタスクを回避したり、分散しがちな注意を制御するのに認知負荷が増加した。そしてこの問題への対処として、最も認知負荷の低い思考モードである具体的な事実の確認に自ら焦点を合わせたか、合わせざるを得なかったではないかというのである。言い換えるなら、デジタルデバイスの利用では、内容を吟味し、それを抽象化して自分の言葉に置き換える余裕がなかったと考えられる。

　今後の実証的な検証が必要だが、この研究結果は、高度な抽象的な思考作業や創造には、電子メディアよりも紙を使ったほうが有効であることを示唆するものである。

第6章　読書への集中のしやすさ

4 まとめ

　第1章で述べたように、電子環境でテキストを読むようになってから、現代人の「読み方」が、紙のテキストを読んでいた時の読み方とは大きく変わった。すなわち、拾い読み、斜め読み、キーワードを拾うだけの読み、リンクボタンを使って他のページに飛ぶ読み方といった「浅い読み」が大幅に増え、逆に、注意を長時間持続しながら内容を深く理解しようとするような「深い読み」が減った(Liu, 2005)。浅い読みは、ウェブや電子メディアに効率的に対応するための読み方であり、現代人には必須のスキルであろう。

　しかし、ウェブや電子メディアといった電子環境は、読書に没頭したり、深い読みを行うには好ましい環境とは言えない。本章で述べたように、読書に関連のない刺激や外乱刺激、ハイパーリンク、マルチタスク、読書のための負荷のかかる操作など、読書から注意を奪うさまざまな邪魔が介入するためである。

　電子機器には、さまざまな機能を詰め込むことができるし、それを用いてさまざまな情報を提示することができる。そうなると、メーカー側は過剰なサービス精神から、つい便利であろう機能を入れ込んでしまう。商品を売る立場からも、機能は多いほうが売りやすい。顧客に「××はできますか?」と聞かれて「できません」とは営業担当者の立場からは答えにくい。しかし、本章で見たように、機能の多さはマルチタスキングを誘発し、機能の選択のためにメニューやツールバーなどの視覚的外乱が増え、関連情報を閲覧できることは思考をあらぬ方向へと導く可能性がある。

　逆に、紙の文書の見た目はシンプルで、コマンドは一切持たず、読み手ができることは、まさに「読むだけ」である。そして、第5章で見たよう

157

に操作に気を取られることもない。こうした「機能のなさ」「見た目のシンプルさ」が読みへの集中を促進する。

　電子環境で読みに集中させるには、読むための電子デバイスやソフトウエアのデザイナーは、多くの機能を盛り込むこれまでの価値観を捨てる必要があるかもしれない。そして、少なくとも読書を行う場合は、読書以外のことは何もできないことを良しとして、ツールをデザインする必要があるかもしれない。また、ユーザである私たち自身もそうした価値観を理解し、シンプルでうるさくないツールのデザインを後押しすべきかもしれない。いずれにしても、多機能であることよりも深い読書に誘うためのユーザインタフェース設計を考える段階に入っているように思われる。

　また、紙と電子メディアでは思考モードが自然に変わり、紙では抽象思考が促進され、電子メディアでは具体的な側面に注意が向くという知見は、2つのメディアの有効な使い分けを示唆するものである。例えば、学習や教育場面、あるいはさまざまなコミュニケーション場面で、人をどちらかの思考モードに誘導したい場合がある場合、適切なメディアを選択することで、それが達成される可能性がありえる。こうした点も、今後さらに追究していく必要があるだろう。

第7章

手書き・手描きの効果

これまでは「読むこと」に焦点を当てた実験を紹介してきたが、本章では「書くこと」「描くこと」に焦点を当てる。まずは、こうした活動で紙と電子メディアがどのように使い分けられているのかを概観する。次いで、デジタルライティングが圧倒的に好まれているフォーマルな長文の作成において、そのツールとして利用されるワードプロセッサが文章の質を向上させるかどうかを議論する。また、手書きが好まれるメモの作成やスケッチにおける手書きの効果を確認する。最後に、手書き文字のもうひとつの重要な側面である、手書きメッセージを受け取った受け手の印象に与える影響を議論する。

第7章 手書き・手描きの効果

1 紙への手書きとデジタルライティングの利便性の比較

　手書きはどのようなときに使われるのか、また電子機器を用いたデジタルライティングに比べてどんな利点があるのだろうか。逆に、デジタルライティングに対して人々はどんな利点を感じているのだろうか。**図53**は紙とペンでの書きやすさとデジタルライティングの書きやすさの主観評価を比較したものである。2008年9月にオフィスワーカー826名を対象に実施したアンケート調査の結果である。

　図からわかるように、紙とペンが有利だと思われているのは、「いつでもどこでも書ける」「すぐに書き始めることができる」「いろいろな場所に書ける」「描画を含む多彩な表現が可能」「記憶したり発想しやすい」「気持ちや個性を伝えやすい」「他の行為をしながら書ける」などであった。逆に、PCでのキーボード入力が有利な点は「文章の見た目が良い」「読みやすい」「編集が楽」「校正や推敲が容易」「文章のできばえが良い」「長文を速く書ける」「手間や労力が少ない」などであった。

　なお、図中の「考えながら書くのが容易」から「リラックスして書ける」までの項目は、手書きとデジタルライティングの評価値の平均に有意差がなかった項目である。これらの項目の評価は、評価者のタイピングスキルに大きく依存していた。すなわち、タイピングに習熟している人にとってはPCでのライティングの評価が高いが、タイピングに習熟していない人にとっては手書きのほうが評価が高くなっていた。高速なタイピングは、デジタルライティングの機能を有効に活用するため重要なスキルと言えるだろう。

　図54は、テキスト文書を中心にさまざまな文書が紙とペンを使って書かれる傾向にあるのか、コンピュータを使って書かれる傾向にあるのかを

161

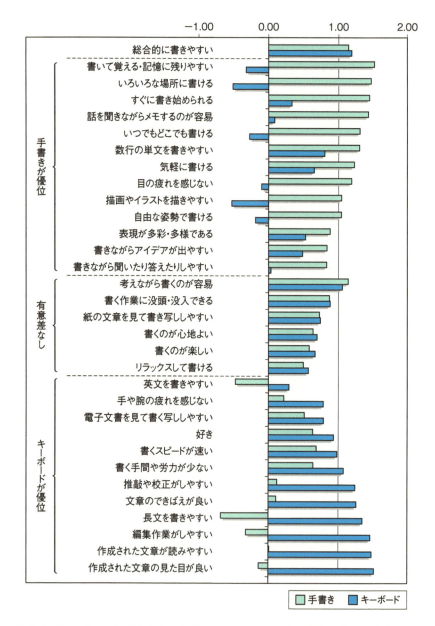

図53 紙とペンでの書きやすさとデジタルライティングの書きやすさの比較：0を
ニュートラルとする-2から2までの5段階評価の平均（2008年9月、N=826）

第 7 章 手書き・手描きの効果

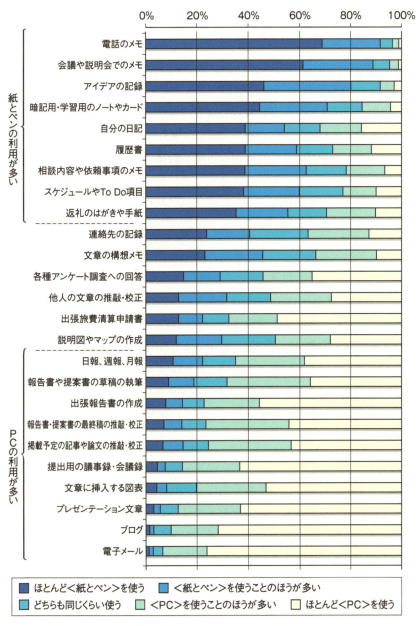

図54 文書ごとの書く際のメディアの違い（2008 年 9 月、N=826）

分析したものである。

この結果をもとに、電子機器で書かれることが多い作業として、以下の場面があげられる。

- 報告書、提案書、プレゼンテーション資料、議事録、日報・週報・月報などの**フォーマルな文書の作成**の場面。これらの文書は他人に見せるものであり、文書の内容や体裁に一定の品質が求められる。

- 電子メールやブログなどを用いる**電子的なコミュニケーション**の場面。現在、電子ツールを用いたコミュニケーションが普及しているが、こうしたツールを利用するには、当然のことだが電子的な入力が必要になる。

- 旅費精算や各種申請書の作成に見られる**電子的な事務作業**の場面。こうした業務フローを電子的に構築している組織では、業務を遂行するために電子機器の利用が必須であり、入力もまた電子的に行われる。

最初の「フォーマルな文書の作成」の場面以外の2つは、ツールそのものが電子的な入力を求めている。電子的なコミュニケーションツールが普及した現在、他人との情報のやり取りに電子ツールが欠かせず、それを利用するためには電子的な入力が必要だというのが実情である。

一方、紙とペンを使って書くことが多い作業としては、以下のような場面があげられる。

- 電話メモ、会議メモ、アイデアメモ、ToDo項目などの作成における**メモやアイデアを書き留める**場面。これらのメモや文書の多くは、人に見せるものではなく、自分が後で見てわかればよいのである。多くのメモは断片的なものであり、話しながら、聞きながら、考えながら情報を書き留めることが求められるのもこの種の書き込みの特徴のひとつである。

- 暗記用、学習用のノートやカードの作成に見られる**学習**の場面。書いて覚えること、情報を頭のなかで整理することが、この種の書き込み

の目的である。

● 手紙やはがき、履歴書などの作成に見られる**自分らしさを表現する**場面。自分の気持ちや誠意を相手に伝えたり、自分の個性を表現することが目的である。

　以降では、電子機器を使って書くことが多い作業のなかから、ツールや組織の制約によるものではなく、ユーザ自身が自ら望んで電子機器を利用している場面として「フォーマルな文書の作成」を取り上げ、そこでの電子機器（ワードプロセッサ）の効果について議論する。また、紙とペンを使って書くことが多い作業のなかから、日常やオフィス業務で頻繁に発生するものとして「メモやアイデアを書き留める」場面を取り上げ、そこでの紙に対する手書きの効果を検討する。そして、テキスト以外の図や絵を描くシーンにおいて、メディアの違いが人の表現行為に与える影響について、これまでの研究からわかってきたことを概観する。最後に「自分らしさを表現する」場面において、手書きの手紙が受け手にどのような印象を与えるのかを議論する。

2 ワードプロセッサを利用すると文章が良くなるのか

　物書きのプロとアマを問わず、ワードプロセッサは書くためのツールとして広く普及している（柴田・大村，2010b）。紙への手書きによる文章とワードプロセッサによる文章作成との違いについては、80年代から90年代前半にかけて多くの比較実験が行われてきた（サーベイ論文として Hawisher, 1988；Hunter et al., 1991）。これらの研究は、ワードプロセッサを用いて文章作成を行っても必ずしも文章の質が向上するわけではないことを示唆するものが多い。

　概して、ワードプロセッサを用いると文章作成に要する時間が長くなり、文章も長くなる傾向にある。そして、作成される文章の誤字脱字は少なくなるが、文章の内容や表現の質は必ずしも良くならない。さらに、この傾向は作文スキルを十分に習熟していない書き手においてより顕著だという報告もある。

　典型的な例として、ハース（Haas, 1989）の実験を紹介する。この実験では、15名の実験参加者（大学生あるいは大学の教官）が紙またはワードプロセッサで手紙を書いた。結果として、紙とペンを使用するよりもワードプロセッサを使用するほうが 20.5%、文書作成に費やす時間が長く、生成された単語数は 33.6% 多かった。さらに、2名の評価者が作成された手紙の内容と表現の質を4段階で評価したところ、両条件において文章の質に違いはなかった。すなわち、ワードプロセッサ条件では、多くの時間をかけて、長い文章を作成しているものの、文章の質は良くならなかったのである。

　このような傾向が生じる理由として、紙とペンを使用した場合とワードプロセッサを使用した場合とで、文章作成のプロセスに次のような違いが

生じることが指摘されている。第1に、電子的な文章作成では誤字脱字などの表層的な誤りの修正に多くの時間が費やされ、文や段落の構成にかかわる大幅な修正は逆に少なくなることが報告されている。

　ルッツ（Lutz, 1987）は、7名の経験豊富な書き手を対象に、広告用の文章を作成する実験を行い、その過程で行われるテキスト変更の種類を分析した。結果として、**図 55** に示すように、ワードプロセッサを用いる場合には誤字脱字を修正する表層レベルの変更が多くなされていたが、文レベル、段落レベルの変更（置き換え、追加、削除）はほとんど行われていなかった。これに対して、紙とペンでは各々のレベルでバランスよく変更がなされており、文章の全体構成にかかわる段落レベル、文レベルの変更も施されていた。ワードプロセッサを使用した文章作成では、局所的な修正に従事しがちになることがわかる。

　第2に、電子的な文章作成では文章全体の構成や計画を考えるプロセスにあまり時間をかけずに、いきなり文章を書き始める傾向があることが指摘されている。ハース（Haas, 1989b）は、経験豊富な書き手10名（技術文書の出版経験がある人）と文章作成の初心者10名（大学1年生）にエッセイを書かせた。彼らは文章作成の過程で考えていることを声に出して報告してもらうことにより[15]、文章作成のフェーズ（構想立案、テキスト生成、

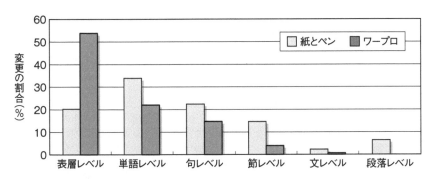

図 55　手書きとワードプロセッサでの変更の違い（Lutz, 1987 のデータをもとに作成）

読み直しなど)のどの段階にあるかを特定した。

結果として、**図 56** に示すように、初心者に比べて経験豊富な書き手は構想立案に費やす時間が多く、しかも実際に書き始める前に構想立案に多くの時間を費やすことがわかった。これに対して、ワードプロセッサを利用すると、実際に書き始める前に構想立案に費やす時間が減り、その程度は初心者のほうが大きいことがわかった。

すでに述べたように、ワードプロセッサを使用しても作成される文章の質は向上しないことが多くの研究で報告されている。しかし、**図 53** で「文章のできばえがよい」の評価でデジタルライティングのほうが高いことか

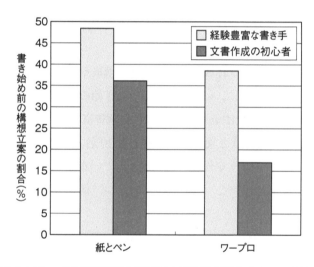

図 56 手書きとワープロでの構想立案に要する時間の割合 (Haas, 1989b のデータをもとに作成)

※15 考えていることを言葉で報告してもらって、その報告内容をもとに作業中の思考過程を分析する試みは「発話思考法」として知られている (Ericsson & Simon, 1993 ; 海保・原田, 1993)。実験参加者の作業はちょうど、子供が独り言を言いながら作業するような状況になる。思考過程を言語報告することにより、無言で行う場合に比べて作業時間が長くなることが報告されているが、外からの観察だけでは取得が難しい思考過程を取得する方法として有望視されている。

らもわかるように、紙とペンを利用するよりも電子機器を利用するほうが文章内容が良くなると多くの人は考えている。この主観的判断と客観的評価の食い違いはどう説明できるのだろうか。推察するに、デジタルライティングでは、何度も修正が可能になり、修正を繰り返すことで表現に磨きがかかり「文章が良くなったはずだ」と考えるようになるのではないだろうか。

　ここで紹介した文章作成のプロセス分析の結果をふまえると、ワードプロセッサの使用が文章の質の向上につながらないことの理由として、次のような構図が浮かび上がってくる。ワードプロセッサを使用すると、文章作成の初期段階で文章の全体構成をしっかりと考えることなく、いきなり文章を書き始めるようになる。そして、一旦書いたら表層的な修正に終始し、大幅な修正を行わなくなる。結果として、誤字脱字は減るが、文章の論理展開や一貫性は改善されないままになってしまうのではないだろうか。

　ただし、ここで紹介した紙とワードプロセッサの比較研究は80年代から90年代前半にかけて行われている点に注意が必要である。現在の文章作成環境は、当時と比べてハードウェア、ソフトウェアともに格段に進歩している。文章の全体構成を把握するためのさまざまな視覚的な工夫が盛り込まれたり、文章の断片的なアイデアを徐々に整理して文章作成を支援する研究も行われている（Sharples, 1999 ; Shibata & Hori, 2008）。さらには、誤字脱字のみならず、簡単な意味解析を行って、冗長な表現や不適切な表現を検出することも可能である。そして、今後、こうした技術はますます性能を向上させるはずだ。

　さらに、ここで紹介した研究はいずれも英文での文章作成に関するものであることにも注意が必要である。日本語ワードプロセッサの操作では仮名漢字変換を伴うことになり、英語での文章作成に比べて操作負荷、認知負荷ともに高いことが予想される。また、仮名漢字変換での変換ミスなど日本語での文章作成に固有の問題も発生する。日本語の文章作成における

紙とワードプロセッサの比較研究の実施が求められる。

　作家やプロのもの書きを中心に、ワードプロセッサの利用の良し悪しについて、経験論にもとづく論争も繰り広げられている。賛否両論の見解があるが、ワードプロセッサの利用に否定的な意見として、以下の指摘がなされている（石川，2000；週刊朝日，2000）。

- 表意文字の漢字を音で入力するのは不自然であり、日本語の書き言葉の本来の思考の流れに反する
- 仮名漢字変換が思考の邪魔。特に同音異義の複数の単語のなかから必要なものを選択するプロセスは、執筆の思考の流れを阻害する
- 過度な校正により文章が平坦になる。言い換えれば、文章が引っかかりの少ない、つるつるした印象の薄い表現になってしまう
- 仮名漢字変換に頼るようになり、漢字を書けなくなる
- コピー＆ペーストにより、表現の重複、借用が増える

　それでも、書くための道具としてワードプロセッサは強く好まれている。現在のワードプロセッサの普及状態を考えると、文書、特に長文の作成において、今後、再び手書きに戻るようなことはないだろう。ユーザ主観評価でも示したように、電子メディアでの文章作成には、編集が容易であり、作成された文書の見た目がよく、読みやすく、手書きに比べて腕の疲れが少なく、豊富な文例や辞書、スペルチェックや文法チェックなどの編集支援機能を利用できるという利点がある。このような電子化の利点が文章作成のプロセスやパフォーマンスに与える影響を上回っているということであろう。

　しかし、ここで述べたように、ワードプロセッサを利用した文章作成には弊害があることも事実である。ワードプロセッサの使用では、そのことに留意しておいて損はないだろう。

手書きでノートを取ることの利点

　比較的長いフォーマルな文書の作成では、キーボード入力によるデジタルライティングが圧倒的に好まれていることを述べた。書くスピードが速いことに加え、編集や再加工が容易なこと、そのための支援機能もそろっていることが理由である。そして、より重要なこととして、最終的に他人に見せるものであるから、きれいな活字で文書の見栄えを良くしたいという要求もあるだろう。

　それでは、講義ノートや電話や議論中に取るメモなどについてはどうだろうか。こうしたメモは他人に見せるためのものではない。後で自分が見てわかればよいのであり、きれいにメモすることよりも、人の話を聞いたり、考えたりしながらも、必要な情報をもらさず書き留めることが重視される。こうした講義や会議でのメモについては、現在でも相変わらず紙への手書きを好む人も少なくない。一方で、講義や会議でマシンガンのようにノートPCを叩いてメモを取っている人が多いのも事実である。果たしてどちらが望ましいのだろうか。

3.1　教室でタイピングマシーンと化す学生たち

　最初に、大学で講義を聴く際に、手書きでノートを取る場合とノートPCで電子的にノートを取る場合とで講義内容の理解度への影響を分析した研究として、ミュラーとオッペンハイマー（Mueller & Oppenheimer, 2014）による一連の実験を紹介する。

実験1：入力マシーン化した人は、概念理解がおろそかになる

最初の実験は、プリンストン大の学生67名を対象に行われた。講義の一部として15分のビデオを見せ、「いつもと同じように講義ノートを取ること」という指示のもとノートを取らせた。この際、紙に「手書き」でメモを取るグループと「ノートPC」でメモを取るグループに分けた。

講義後、学生はビデオの内容に関するテストを受けた。テストの問題には、「インダス文明が存在したのは何年前か」のような講義で述べられた事実関係を問い合わせる問題と、「社会の平等に対する取り組みは日本とスウェーデンでどう違うか」のような概念理解を問い合わせる問題の2種類があった。

結果は図57に示すとおりである。テストの点数は、平均が0になるよう標準化したz得点に変換してある。結果として、事実関係を問う問題について、ノートPCでメモを取ったグループと手書きでメモを取ったグループに有意差はなかった。しかし、概念理解を問う問題については、ノートPCでメモを取ったグループより手書きでメモを取ったグループが

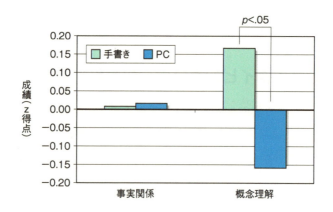

図57　講義後のテストの結果（Mueller & Oppenheimer, 2014のデータをもとに作成）

第7章　手書き・手描きの効果

成績が良かった。

　学生が取ったメモを回収すると、ノートPCのグループは手書きのグループよりも、多くのメモを取っていた。具体的には、ノートPCのグループでは手書きのグループに比べて78.5%、メモの単語数が多かった。

　メモの内容を分析すると、ノートPCのグループでは手書きのグループよりも、講義内容との重複が有意に多かった。具体的には、3つの単語の連接の重複を調べたところ、ノートPCのグループでは手書きのグループの2倍近く、講師の発語内容とに重複が見られた。

　ノートPCを用いた人は、メモの量は多いが、講師が言ったことをそのままメモとして記録する傾向が多いようだ。これに対して手書きでメモを取った人は、講師が言っていないことを、あるいは講師が言ったことを解釈して自分の言葉に置き換えてメモを取っていた。こうしたメモ取りにおける戦略の違いが、講義の理解度にも影響を与えたと考えられる。

　この結果から考えると、ノートPCでメモを取った人は、講師の言ったことをPCに打ち込むことに一生懸命になり、講義の内容を咀嚼し、自分の言葉で整理するという本来の目的がおろそかになった可能性がある。講義の聴講では、あくまで講義内容を理解することが主目的で、メモを取るという行為は補助的な手段にすぎない。ノートPCでメモを取った人は、この目的と手段が逆転してしまった可能性がある。そして、大量のメモを取ってよく学んだつもりになっているが、その実、講義の内容をあまり理解していない可能性がある。

　少し誇張した言い方をすれば、PCの利用者は講師が言ったことをそのままPCに入力する入力マシーンになってしまっていると言えるのかもしれない。こうした能力は音声認識の技術が向上した今となっては、もはや機械に置き換えられてしまう能力である。

実験2：自分の言葉に置き換えて入力するように教示しても、結果は同じ

　次の実験はカリフォルニア大学ロサンゼルス校（UCLA）の学生151名を対象に行われた。実験の課題は先の実験1と同じである。ただし、今度はメモを取る際に「普段と同じようにノートを取る」よう指示した実験1と同じ「自由条件」に加え、「一字一句書き取るのではなく、自分の言葉で書く」よう指示した「介入条件」を追加した。これは先の実験1で見られた、考えずに入力させてしまう傾向のあるノートPCの問題点を教示によって防ごうと考えたのである。そして、実験参加者は手書きで普段どおりメモを取るように指示した「手書き・自由」グループ、PCで普段どおりメモを取るように指示した「PC・自由」グループ、PCで自分の言葉で書くよう指示した「PC・介入」グループの3グループに分けられた。

　結果は**図58**に示すとおりである。実験1でも調べた手書き・自由グループとPC・自由グループについては、実験1と同じ結果が追認されている。まず、図中右側の概念理解を問う質問に関しては、手書き・自由グループは、PC・介入グループとPC・自由グループの両方より統計的に有意に良い成績が得られている。PC・介入グループとPC・自由グループの間には有意差はなかった。次に、図中左側の事実関係に関する質問に関しては、概念理解の成績パターンと似ていたが、3条件間で有意差は認められなかった。したがって、概念理解の質問においてのみ、手書きがタイピング入力よりも成績が高いという実験1の結果は、追認された。

　さらに、実験1と同様にメモを回収して分析すると、PC・介入グループとPC・自由グループは、手書き・自由グループよりも有意にメモの単語数が多く、講演内容とメモ内容の重複も多いという結果になった。

　実験1のPC条件では講師が言ったことをそのまま書き起こす傾向があった。これを回避するために、今回の実験ではPCの利用の際に「一字

第 7 章　手書き・手描きの効果

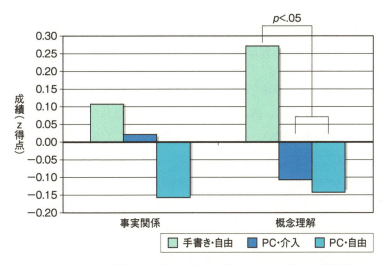

図 58　ノートの取り方を指示した条件（介入条件）を加えた場合の講義後のテストの結果（Mueller & Oppenheimer, 2014 のデータをもとに作成）

一句書き取るのではなく、自分の言葉で書く」よう指示する PC・介入条件を追加したが、結果は実験 1 と変わらなかった。すなわち、「普段どおりメモを取る」ように指示したグループと比べて成績は向上しなかった。それどころか、メモの取り方にも変化が見られず、PC では「自分の言葉で書く」よう指示しても、相変わらず、講師が言ったことをそのまま書き取る傾向が見られた。

　この結果からわかることは、人は心がけや他者からの指示だけでは自分のメモ取りのスタイルを変えることが難しいということである。言い換えるなら、利用するツールこそがメモ取りのスタイルを決定するということである。「わかっている」「注意するから大丈夫」というわけにはいかないようだ。

実験3：記憶の回復効果は、タイプしたノートより手書きのノートを見るほうが明確である

　第3の実験では、講義を聴いた後、1週間の期間を置いてからテストを実施した。この実験は、講義内容がどれだけ記憶されたかを調べることが目的であり、講義を聴いたその日にテストを実施した先の2つの実験よりも現実に即した条件設定だと言える。

　この実験では、UCLAの学生109名が実験に参加した。参加者は「今日のビデオについて、来週、テストをします」という教示を受けた上で、コウモリ、パン、ワクチン、呼吸をテーマにした4つの科学教材のビデオを閲覧した。実験1と同様に、手書きでメモを取るグループとPCでメモを取るグループに分けられた。さらに、1週間後のテストの際、自分のメモを見て10分間復習することが許される「復習あり」条件と、復習が許されない「復習なし」条件とに分けられた。

　結果は図59に示すとおりである。事実関係を問う質問について、「手書

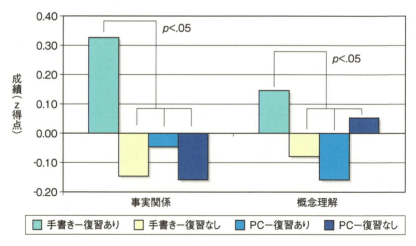

図59　1週間後のテストの結果（Mueller & Oppenheimer, 2014 のデータをもとに作成）

き・復習あり」条件が他の3条件よりも有意に成績が高かった。概念理解を問う質問についても、「手書き・復習あり」条件が他の3条件よりも有意に成績が高かった。前の2つの実験結果と異なり、復習なし条件では、概念理解問題における手書きの優位性が認められなかったが、これはテストが講義の1週間になされたために課題自体が難しくなってしまったからだと解釈される。

　さらに重要なことは、1週間後のテストで覚えているのは手書きの場合で、しかも自分で書いた手書きのメモを見直したときのみ効果があることがわかる。すなわち、ノートを見直すことによる記憶の回復効果は、PCでタイピングされたノートではほとんど得られないが、手書きのノートでははっきりと認められるのである。

　この理由として、ミューラーらはメモを取る際に、手書きでは聴いた話の内容をよく考えながら（要約したり、統合しながら）、重要な情報を選んでメモしたためで、このことが情報の理解（記憶）を促すとともに、手書きメモが強力な検索手がかりとして機能するのではないかと考察している。さらには、PCでのメモ取りで入力マシーンになっている状態を考えると、講義内容を十分に理解していない可能性がある。そのうえで、重要性の判断をせずに取ったメモを見直しても、成績の向上には寄与しないということなのかもしれない。

3.2　手書きの同時遂行性：手書きは考えながら入力できる

　前節では、PCでのメモ取りは人を入力マシーンにしてしまうこと、そしてそれは心がけだけでは簡単に修正できないことを述べた。これは、PCではメモを取ることだけに専念してしまい、考えることを促進しないことを示唆する。この仮説を支持する実験として、ここでは手書きとキー

ボードの認知負荷を比較した実験を紹介する (Shibata & Omura, 2018b)。

手書きとタイピングの入力スピードの比較

　まずは、紙への手書きとキーボードを用いた電子的な書き込みの速さを比較する。キーボード入力では、指先を見ずに入力するタッチタイピングを習得しているか否かにより、入力スピードが大きく異なることが容易に予想される。**図60**は、この基礎データとしてタッチタイピングできる12名（タッチタイピング・グループ）とタッチタイピングできない12名（非タッチタイピング・グループ）について、手書きとタイピングの入力スピードを比較したものである。入力文字は全てひらがなであり、仮名漢字変換は不要だった。

　結果は、**図60**に示すように、タッチタイピング・グループでは手書きスピードとタイプスピードに有意差はないが、非タッチタイピング・グループではタイプスピードは手書きスピードに比べて30%以上遅かった。

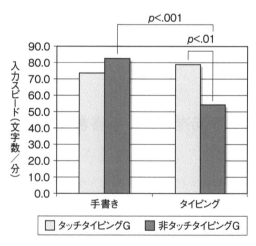

図60　手書きとタイピングの文字入力スピードの比較

タッチタイピングできる人は手書きよりキーボード入力のほうが速いと一般に考えられているが、ひらがなのみの書き込みで手書きでも乱雑に書いてよい場合にはキーボードと同程度の速さで入力可能なことがわかる。

記憶作業への干渉効果：手書きとキーボード入力の比較

　次に、手書き入力とキーボード入力が記憶に与える影響を調べた。実験参加者20名を対象に、図61に示すように、記憶すべき単語と記憶する必要のない単語を5秒ずつ交互に提示し、直後に記憶すべき単語の再生を求めた。記憶する必要のない単語への対応について3種類の対処方法があり、何もしない「統制条件」、単語を紙に書き写す「手書き条件」、単語をキーボードで打ち込む「タイピング条件」の3種類である。実験参加者が何をすべきか迷うことのないよう、記憶すべき単語は"○"無視すべき単語には"×"、手書きすべき単語には"H"、タイピングすべき単語には"T"と、各々、単語の先頭に記載している。

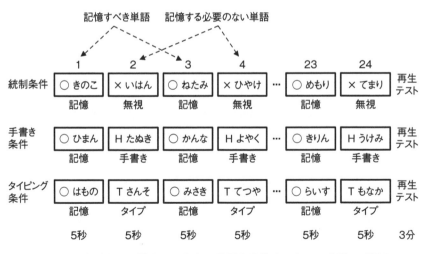

図61　入力手段が記憶課題に与える効果を比較するための実験の手続き

統制条件では、記憶する必要のない単語が提示されている最中に何もする必要がないため、記憶すべき単語を覚えることに時間を費やすことができる。手書き条件やタイピング条件では、その最中に手書きやタイピングの処理を行う必要があるため単語を覚えるための記銘処理が阻害される。その程度がどれほどかにより手書きとタイピングの入力処理の認知負荷を比較することが実験の狙いである。

　実験の枠組みは、5章2節で示した二重課題法と同じである。先の実験では、読みの最中にビープ音への反応を求め、サブ課題であるビープ音への反応の遅延をもとに、メイン課題である読みの認知負荷を比較した。今回の実験では、メイン課題が単語の入力であり、サブ課題が単語の記憶である。記憶した単語の再生成績に応じて、手書きやキーボードでの入力方式の認知負荷を比較することが狙いである。

　図62は、これら3条件について、タッチタイピング・グループと非タッチタイピング・グループとに分けて単語の再生率を比較したものである。統制条件に比べて手書き条件での単語再生率は低く、タイプ条件ではそれよりさらに低くなっている。覚える必要のない単語の手書きは、覚えるべ

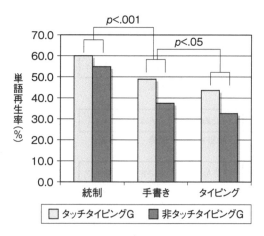

図62　手書き入力とキーボード入力が記憶に与える影響の比較

き単語の記憶作業を妨害するが、その妨害効果はタイピングにおいてより顕著になることを示している。

グラフではタッチタイピング・グループのほうが非タッチタイピング・グループよりも多くの単語を再生できているように思えるが、これらの間に統計的な有意差はない。統制条件では論理的に妨害は発生しないため、最も単語再生率が高くなっている。これに対して、手書き条件では、覚える必要のない単語を手書きする必要があるため、覚えるべき単語の記銘が妨害されることになり、単語の再生率が低下している。しかし、タイピングではそれ以上の妨害効果が観察された。

興味深いことに、タッチタイピングできる人は手書きスピードとタイプスピードが同程度であるにもかかわらず、記憶への妨害効果は手書き条件よりもタイピング条件のほうが大きかった。すなわち、単なる入力スピード（処理時間）の違いではなく、認知負荷の違いが記憶成績の違いに作用していることがわかる。また、タッチタイピングできるか否かによらず、タイピング条件での記憶成績は手書き条件に劣り、タッチタイピングできる人でも手書きよりもタイピングのほうが認知負荷が高いことを示唆している。

手書きの条件では、手書き行為の最中にも他のことに頭を使うことができ、参加者は手書きしながらも別の単語を覚えるために反復（リハーサル）していたと考えられる。これに対してタイピングの最中には、タイピングしながら別の単語を覚えることに頭を使う余裕がなかったのではないだろうか。そして、これはタイピングの慣れやスピードとは別の問題だというのが重要な点である。

この実験結果には、もうひとつの解釈が可能である。メイン課題を単語の記憶、サブ課題を単語の書き取りと考えると、記憶学習への単語書き取り手段の妨害効果を調べた実験と見ることができる。講義中に友人に手紙を書いたとしよう。紙に鉛筆で手紙を書いた場合と、キーボードで打ち込

んだ場合と、どちらが講義内容を覚えることへの妨害効果が大きいだろうか。この実験が示唆するところでは、キーボードで打ち込んだほうが妨害効果が大きい。内職で手紙を書くなら、手書きの手紙にすべきなのかもしれない。

　先ほどの講義でのメモ取りの実験（Mueller & Oppenheimer, 2014）を振り返る。PCでメモを取った学生は、タイピングの認知負荷が高いために、たとえ「自分の言葉で書く」ように教示したとしても、それを行う余裕がなかったのではないだろうか。だからこそ、聴いたことをそのまま入力する作業に専念してしまったのではないかと考えられる。

　このことは直感的に考えても納得がいく。タッチタイピングができて、どんなに速くタイピングができる人でも、講義で講義内容をタイプしながら話せる人はほとんどいない。著者のひとりもタッチタイピング暦25年以上のベテランだが、タイピングしながら話をするとどうしてもぎこちなくなり、タイピングしている内容を話したり、話している内容をタイプしたりという状態になる。これに対して、教師は講義の最中に黒板にチョークで板書しながら話すことが求められるが、これができない人のほうが稀である。黒板に向かって、書いている内容を話してしまう、話している内容を書いてしまうなどと言っている人は聞いたことがない。

　手書きとタイピングには明確な認知負荷の違いがあることをご理解いただけただろう。入力に専念しているときには、タイピングの認知負荷を意識することはほとんどない。むしろ、タッチタイピングできる人にとっては、タイピングのほうが速い人もいるため（特に漢字の入力では）、手書きを面倒に感じる人も多いと思う。実は著者のひとりもそうであり、思考スピードに手書きが追いつかず、手書きでは文字を飛ばして書いてしまうことがよくある。それでも、入力しながら別のことを行うとなると、手書きではできたことがキーボードではできなくなる、という意味で手書きの価値が明確に示されることになる。

手描きのスケッチが描画ツールに勝る点

　これまで、テキストを主体とした文書の執筆やメモの作成について議論してきた。ここでは、デザインやスケッチでの手描きの効果を電子的な描画ツールと対比させて検討しようと思う。

　電子的な描画ツールとして、絵や図形を作成するためのドローツールがある。こうしたツールでは、色や太さを指定して直線や曲線を描いたり、円や多角形などの基本図形を挿入してサイズや傾きを変更することが可能である。プレゼン資料では絵や図形をふんだんに利用するので、プレゼン資料を作成するツールでも同種の機能が提供される。機械や装置の図面や設計図の作成と管理を支援する設計支援ツール（CADシステムと呼ばれる）でもこうした機能が提供される。

　これらの描画ツールを利用すれば、以前描いた同じような絵や図形をコピー＆ペーストにより再利用でき、また他人が作成した絵や図形を流用することもできる。そして、色、サイズ、傾きなどのパラメータを何度も変更できる。そして、やり直しの機能を使って、気に入った描画になるまでトライ＆エラーを繰り返すことも可能だ。さらには、バージョン管理も簡単であり、いつでも以前の状態に戻すことができ、他人に渡して再利用を促すことも可能である。

　こうした便利さをふまえ、電子的な描画ツールなしでは業務が行えないという人も少なくない。著者たちもそうであり、電子文書やプレゼン資料の作成にはマイクロソフト社のパワーポイントを愛用している。

　しかし、デザインの初期段階では、プロのデザイナは紙への手書きを強く好むことが知られている（Lawson, 1997）。現状では文書や設計図は電子的に管理されることが多いため、文書や設計図の作成には、最終的には

電子的な描画ツールが利用される。しかし、デザインの初期段階では、特に描く過程でデザイン要求やデザイン問題が徐々に明確になっていくプロセスでは、圧倒的に紙への手描きが好まれている。ここでは、なぜ紙への描画が好まれるのか、逆に言えば、電子的な描画ツールにどういった弊害があるのかを検討する。

ドローツールは描く前に意思決定が必要

第1の弊害は、描画ツールがデザイナの思考プロセスに変容をもたらすことにある。哲学者のシェーン（Schön, 1983）によれば、スケッチは頭の中にあることを外界に表現する単なる外在化のプロセスではない。人は描きながら考えている。描きたいものの姿が最初から頭の中にあるわけではない。

例えば、美術館の外観をデザインする場合には、まずは道路の線を描いてみて、それを見てエントランスの向きの重要さを認識したり、道路から建物までの十分な距離を確保できないなどの問題を認識したりすることがある。デザインプロセスとは、実際に描いてみることで、次々とこれまで認識していなかったデザイン上の要求や問題を認識するプロセスである（Suwa et al., 2000）。

ここで、線ひとつひとつの描画のミクロな視点に目を向けてみる。スケッチで横に線を描くとき、実はデザイナは線を引くことを意識していない。手が横に動き、そこに線のようなものが描かれたことを後で認識する。そして、手を動かして線のようなものを描いているその最中にも、他のオブジェクトとの位置関係を認識したり、線をもっと上にすべきだなどの意思決定がなされる。シェーンの言葉を借りれば、人は手を横に動かすその行為の最中にも考えている（Schön, 1983）。描くという行為が自然に行え、そして行為の最中も考えられるからこそ、描いている最中に新たなデザイ

第7章　手書き・手描きの効果

ン要求やデザイン問題を発見できるのである。

　これに対して電子的な描画ツールでは、直線を描くとき、まずはメニューで直線コマンドを選択し（場合によっては色や太さも指定し）、直線の始点と終点を指定する必要がある。すなわち、何かを描く前に、コマンドを選択するという行為により、何を描くかを宣言しなくてはいけない。このことは、考えることなく自然に手が動き、後で描かれたものを認識する手描きのプロセスとは決定的に異なる。電子的なツールでは描く前に、何を描くかの意思決定が常に求められ、人間の思考活動に極めて短時間ではあるが、思考の中断をもたらす。集中してものを考えている最中に、短時間の思考の中断が頻繁に生じることになれば、全体のデザインの質も低下してしまうことだろう。

ドローツールは誤った方向に思考を導く

　電子的な描画ツールがもたらす第2の弊害は、描かれたものが綺麗すぎる点にある。電子ツールで描いた表現はまっすぐな直線と曲率が一定の曲線からなる幾何学図形が多くなる。そして、デザイナの思考をデザイン問題の解決策の良し悪しではなく、描かれた絵の良し悪しや綺麗さの評価へと導く。

　建物のデザインを例に説明すれば、本来であれば、デザインの初期段階では、建物の大きさの全体のバランス、それを見たときの印象、利用者の使い勝手といったことを考えるべきだろう。そして、そのためのラフスケッチであったはずだ。

　しかし、一旦、幾何学的に整った完成形に近い絵を見ると、線の長さがそろっていないとか、平行になっていないとか、このオブジェクトを少し右にずらしたいなどの、描かれた絵としての評価に目がいき、それを整ったものにしたいという誤った方向に思考が導かれてしまう。そして、線を

185

数ピクセル長くしたり、複数のオブジェクトを整列させたりなど、本来の目的とは関係のない瑣末な処理に時間を費やしてしまい、建物の全体のバランスや使い勝手といった本来考えるべき事柄がおろそかになってしまう可能性がある。そしてなお困ったことに、いろいろと手を加えて形の整った絵になることで、誤った満足感を得てしまう。

　これは意識することで避けられる問題ではなく、プロのデザイナにとっても同様に生じる問題である。例えば、図63 を見ていただきたい。微妙に平行でない2本の線があると、どうしても平行にして不安定さを解消したいという衝動にかられる。右の平行線は1本だけ左の位置がそろっていないが、これもまた左の位置をそろえたくなってしまう。特に、デザイン中に持ち上がる問題や要求にうまく対処できずに悩んだときなど、図形の整形処理は、とりあえず何かをしてやった気になるという意味で、困難さから逃れる言い訳として機能してしまう。

　私たちの経験でもパワーポイントでプレゼン資料を作成している人はよく見かけるが、パワーポイントを目の前に考え込んでいる人を見かけることは少ないように感じる。むしろ、人がパワーポイントで編集しているのを見ると、図のサイズを変更したり、位置を微調整するなど、見た目の整形に専念しているのではないかと思うことがよくある。中身の薄い綺麗なプレゼン資料の作成に費やされている時間は、世の中全体で意外と多いのかもしれない。

　プロのデザイナは電子的な描画ツールがもたらすこうした弊害をよく心得ている。だからこそ彼らはデザインの初期段階では意図的に紙を使うよ

図63　整形の欲求を導く図形の例

第7章　手書き・手描きの効果

う心がけているのである。

　デジタルライティングでは、書き出す前に構成や論理展開を検討するプロセスがお粗末になってしまうことを指摘した。スケッチのデザインでは、考える行為と描く行為が同時に発生する。デジタルの描画ツールは、考えながら描くことではなく、考え終わったスケッチを描くことのみが支援される。そして、考える機会が奪われてしまう。考えることなく、いきなり最終形の表現に向かわせてしまうという意味で、デジタルの描画ツールはワードプロセッサと同種の問題を内包している。

5 手書きの手紙はなぜ好まれるのか？

　個人的な想いを相手に伝える場合、文面が同じだとしても、その表現方法には多様な形態がある。活字にするのか手書きにするのか、活字の場合にはフォントの種類を何にするか、レイアウトは縦書きか、横書きか、電子的に記述したものを紙にプリントして渡すか、あるいは紙への手書きをスキャンして電子的に送付するかなど、さまざまな選択肢がある。

　こうした選択肢を使い分けることに、どのようなメリットがあるのだろうか。表示メディアについて、特に年配の人を中心に、相手への礼節を尽くすには、電子メールよりも紙の書面が望ましいとする見解が広く浸透している（和田，2008）。書体やレイアウトの文書スタイルについては、相手に気持ちを伝える手紙では、活字よりも手書きが効果的なことがさまざまな文献で指摘されている（和田，2008；青山，2010）。さらに、読み手の印象を良くするため、状況に応じて手書き文字の形や筆圧、大きさなどの書体を使い分けるべきだとする主張もある（青山，2010）。

　西洋では古くから筆跡学（graphology）が発達し、文字の形や大きさ、筆圧などから書き手の性格や適性が判断可能だと考えられてきた。実際、フランスでは3分の1以上の企業や団体が筆跡から得られた知見を人事配置や採用に利用しているという指摘もある（King, 2000）。まさに「書は人なり」「文字は体をなす」というところである。

　ここでは、個人的な想いや気持ちを伝える感謝状を題材に、文面が同じでも、表示メディアや文書スタイルが変わることで、読み手の文面に対する評価、書き手に対する対人感情や対人認知がどのように変化するのかを調べた研究を紹介する（柴田・大村，2017）。そして、これらの評価が表示メディアや文書スタイルの影響を受けるとするなら、どのような形式が

第 7 章　手書き・手描きの効果

望ましいのかを検討する。

実験方法

　実験では、「表示メディア」と「文書スタイル」の 2 つの変数を変動させ、これらが読み手の印象にどのような影響を与えるのかを調べた。表示メディアとしては、紙での閲覧（Paper）とコンピュータディスプレイでの閲覧（Display）の 2 種類を設定した。文書スタイルとしては、ゴシック体活字のメール（M-Gothic）、楷書体活字のハガキ（P-Kaisho）、手書き風活字のハガキ（P-HWFont）、手書きのハガキ（P-HW）の 4 種類を設定した。

　実験参加者は 21 歳から 38 歳までのオフィスワーカー 24 名（男性 12 名、女性 12 名）であった。参加者はいずれも、PC での文書閲覧、文書操作に慣れており（全員が PC 利用歴 3 年以上で、業務で日常的に PC を利用）、矯正視力は 0.7 以上であった。

　参加者は 12 名（男女 6 名）ずつ、Paper 条件と Display 条件に割り当てられた。各参加者は 4 種類の文書スタイル全てについて、以下で述べる 3 種類の評価を行った。

　実験材料の文書はいずれも手紙である。手紙は書き手の性別や状況によって文体やフォーマルさが異なる。そこで手紙やビジネスの文例集から、1) 書き手が男性でフォーマル、2) 書き手が女性でフォーマル、3) 書き手が男性でカジュアル、4) 書き手が女性でカジュアルな礼状・謝礼文を各々 5 通ずつ選び、固有名詞や冗長表現を一部修正して評価対象の手紙文として使用した。実験での課題への手紙文の割り当ては、参加者内でランダムに変えた。

　図 64 に示すように、ゴシック体メール（**図 64（A）**）は電子メールの横書き表示を用いた。楷書体ハガキ（**図 64（B）**）、手書き風ハガキ（**図 64（C）**）、手書きハガキ（**図 64（D）**）の 3 条件は私製ハガキへの縦書きの形式にした。手書

189

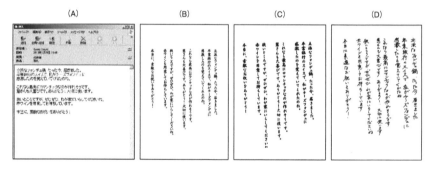

図64 4種類の文書スタイルの例：(A)M-Gothic、(B)P-Kaisho、(C)P-HWFont、(D)P-HW

き風活字としては、図64(C)に示すような古風で伝統的な書体を利用した。

課題は手紙文を見て、差出人の人格・魅力（評価1）、手紙文の内容（評価2）、感謝の気持ちの強さ（評価3）を評価することである。

評価は、評価1、評価2、評価3の順番で行った。評価1、評価2では、文書スタイル、書き手の性別、フォーマルさの異なる16の手紙を自分のペースで読んでもらった。次いで、評価1のため、差出人のパーソナリティ評価として「あたたかい」「感じがよい」「好ましい」などの12尺度について5段階評価を実施した。また、評価2として、手紙文の内容評価として「あたたかい」「わかりやすい」「個性的な」などの34尺度について5段階評価を実施した。

評価3では、文面が同一の手紙文を4つの文書スタイルで並べて表示（1セット）し、「楷書体ハガキでの差出人の感謝の気持ちの強さを50とした場合の他の3形態で感じる感謝の気持ち」を0〜100の数値で評価してもらった。これを全部で4セット分評価した。

評価1：差出人のパーソナリティ評価

図65は差出人の人格・魅力に及ぼす表示メディア（Paper, Display）の

第 7 章　手書き・手描きの効果

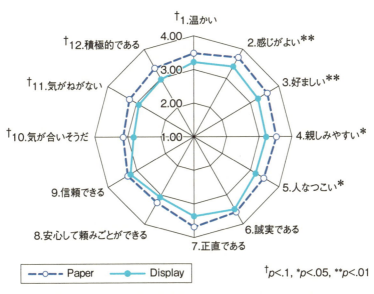

図 65　差出人の人格・魅力に及ぼす表示メディアの効果

効果を全 12 尺度について比較したものである。「2. 感じがよい」「3. 好ましい」「4. 親しみやすい」「5. 人なつこい」「7. 正直である」の 5 項目について有意差が確認された。また、「1. 温かい」「10. 気が合いそうだ」「11. 気がねない」「12. 積極的である」の 4 項目について有意な傾向が観察された。

　手紙を紙で送付するほうが、電子的な送付に比べて「感じがよく」「好ましく」「親しみやすく」「人なつこく」「正直である」と認知された。さらに、手紙を紙で送付することにより「温かく」「気が合いそうで」「気がねなく」「積極的である」という印象を読み手に与える傾向がある。総じて、手紙は電子よりも紙で送付するほうが、差出人の魅力が高く評価された。

　図 66 は差出人のパーソナリティ評価に及ぼす文書スタイル (M-Gothic, P-Kaisho, P-HWFont, P-HW) の効果を全 12 尺度について比較したものである。「8. 安心して頼みごとができる」「9. 信頼できる」の 2 項目について有意差が確認された。さらに、「8. 安心して頼みごとができる」について、

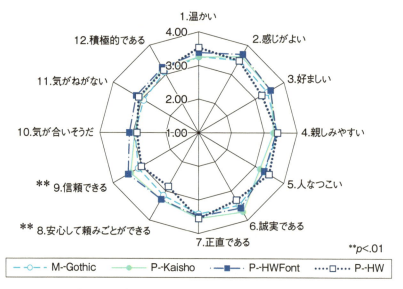

図66　差出人のパーソナリティ評価に及ぼす文書スタイルの効果

　手書きハガキは他の文書スタイルよりも有意に評価が低かった。また、「9.信頼できる」について、手書きハガキとゴシック体メールは他の文書スタイルよりも有意に評価が低かった。

　文書スタイルは、表示メディアほどには差出人（書き手）のパーソナリティ評価に影響を及ぼさないようである。それでも、「信頼できる」「安心して頼みごとができる」の2項目について、文書スタイルによる有意差が認められた。手書きハガキは上記の両方の評価を低下させることがわかる。楷書や古風な手書き風活字のほうが、相手に対する社会的な信頼を獲得できると言えるだろう。また、ゴシック体メールも「信頼できる」の評価を低下させた。本来電子的に送付される電子メール形式の手紙を紙で閲覧することに違和感を覚えるためではないかと考えられる。

第7章　手書き・手描きの効果

評価2：手紙文の内容評価

　手紙文の内容に対する33の評価尺度について、統計的な検定を行ったところ、その全てにおいて表示メディアの効果は見られなかった。すなわち、表示メディアの違いによって、手紙の文面の印象が変化することはなかった。

　一方、文書スタイルについては、全33尺度のうち実に32尺度において、文書スタイルの違いが手紙文の内容評価に有意な影響を及ぼすことがわかった。評価結果の全体を**表6**に示す。手紙の内容評価には、表示メディアよりも文書スタイルが大きく影響を与えることがわかる。

　手書きのハガキは「人間味がある」「感情や気持ちが伝わる」「あたたかい」「親しみがある」「記憶・印象に残る」「もらって嬉しい」「いきいきした」などの19の項目で最も高い評価を得た。総じて、手書きのハガキは、文面に対して人間的、友好的、個性的な印象を与えるようだ。

　手書き風ハガキについても、手書きハガキほど顕著ではないが、手書きハガキと似た効果が示されている。また、手書き風ハガキは「伝統的な」「相手に配慮した」「礼儀正しい」などの評価が高く、礼節を重んじている印象を与えるようである。これは、冠婚葬祭の案内が、今回の実験で利用したような古風な手書き風書体のハガキで出されることが多いという事実に由来している可能性もある。

　楷書体ハガキは、「読みやすい」「きれい」「丁寧な」「知性的な」などの項目で高い評価を得ており、こうした効果を演出したい場合には、同じ縦書きでも手書きよりも楷書体を利用するほうが無難と言えるだろう。

　ゴシック体メールは「わかりやすい」「気楽な」「効率的な」「形式的な」「事務的な」などの項目で高い評価を得た。これは、横書きゴシック体を基本スタイルとする電子メールの実用性を重視する特性から派生したものと考えられる。

表6 文書スタイルの違いが手紙文の内容評価に与える影響：" ≒ " は有意差なし、"<"
は有意差ありを示す。評価項目ごとに最大の評価の平均値を太字にしている。文
書スタイルの各条件名について、先頭の "M-" と "P-" は省略して表記する。

評価項目	評価の平均値				評価値の順番 （有意水準は５％）
	Gothic	Kaisho	HWFont	HW	
1. 人間味がある	2.83	3.06	3.31	**4.02**	Gothic ≒ Kaisho < HWFont < HW
2. 感情や気持ちが伝わる	3.15	3.34	3.43	**4.00**	Gothic < HWFont, Kaisho ≒ HWFont < HW
3. あたたかい	3.03	3.20	3.40	**3.96**	Gothic ≒ Kaisho < HWFont < HW
4. 親しみがある	3.08	3.33	3.39	**3.95**	Gothic < Kaisho ≒ HWFont < HW
5. 記憶・印象に残る	2.50	2.78	2.94	**3.88**	Gothic < HWFont. Kaisho ≒ HWFont < HW
6. もらって嬉しい	3.00	3.21	3.28	**3.86**	Gothic < HWFont. Kaisho ≒ HWFont < HW
7. いきいきした	2.68	2.84	2.82	**3.81**	Gothic ≒ Kaisho ≒ HWFont < HW
8. 個性的な	2.53	2.64	2.93	**3.78**	Gothic ≒ Kaisho < HWFont < HW
9. 心のこもった	2.89	3.17	3.22	**3.77**	Gothic < Kaisho ≒ HWFont < HW
10. 味わいがある	2.36	2.61	3.05	**3.72**	Gothic ≒ Kaisho < HWFont < HW
11. 自由な	2.75	2.66	2.75	**3.71**	Gothic ≒ Kaisho ≒ HWFont < HW
12. 正直な	3.15	3.31	3.28	**3.69**	Gothic ≒ HWFont ≒ Kaisho < HW
13. 好感が持てる	2.97	3.22	3.18	**3.60**	Gothic ≒ HWFont ≒ Kaisho < HW
14. やさしい	2.91	3.23	3.25	**3.55**	Gothic < Kaisho ≒ HWFont < HW
15. 楽しい	2.66	2.89	2.81	**3.48**	Gothic ≒ HWFont ≒ Kaisho < HW
16. 誠実な	3.03	3.36	3.35	**3.36**	Gothic < Kaisho ≒ HWFont ≒ HW
17. 情緒的な	2.50	2.81	2.91	**3.33**	Gothic < Kaisho ≒ HWFont < HW
18. 迫力がある	2.07	2.23	2.47	**3.29**	Gothic < HWFont, Kaisho ≒ HWFont < HW
19. わかりやすい	**3.79**	**3.79**	3.32	3.28	HW ≒ HWFont < Gothic = Kaisho
20. 相手を配慮した	3.03	3.33	**3.38**	3.35	Gothic < HWFont, HW ≒ Kaisho ≒ HWFont
21. 礼儀正しい	3.19	**3.61**	3.48	3.21	Gothic ≒ HW < HWFont ≒ Kaisho
22. パーソナルな	2.93	2.92	2.89	**3.19**	有意差なし
23. 気楽な	**3.19**	2.84	2.76	3.16	HWFont ≒ Kaisho < HW ≒ Gothic
24. 丁寧な	3.14	**3.55**	3.45	3.03	HW ≒ Gothic < HWFont ≒ Kaisho
25. 読みやすい	3.60	**3.79**	3.32	2.80	HW < HWFont < Kaisho, Gothic ≒ Kaisho
26. 整っている	3.47	**3.58**	3.45	2.70	HW < HWFont ≒ Gothic ≒ Kaisho
27. きれい	3.20	**3.52**	3.22	2.59	HW < Gothic ≒ HWFont < Kaisho
28. 知性的な	2.81	**3.13**	3.10	2.57	HW < Gothic < HWF oot ≒ Kaisho
29. 効率的な	**3.14**	**3.14**	2.95	2.38	HW < HWFont ≒ Kaisho = Gothic
30. 形式的な	**3.09**	3.02	2.89	2.22	HW < HWFont ≒ Kaisho ≒ Gothic
31. 伝統的な	2.18	2.57	**2.75**	2.20	Gothic ≒ HW < Kaisho ≒ HWFont
32. 事務的な	**3.09**	2.96	2.71	1.93	HW < HWFont < Kaisho ≒ Gothic
33. かたくるしい	2.16	**2.50**	2.48	1.89	HW < Gothic < HWFont ≒ Kaisho

評価3：感謝の気持ちの強さ

　感謝の気持ちの強さの比較を図67に示す。紙と電子の各々のメディアでの楷書体ハガキ（P-Kaisho）を50とした場合、他の文書スタイルでの感謝の気持ちの強さを0から100で評定した結果である（Paper条件での比較が図67(A)、Display条件での比較が図67(B)）。

　Paper条件（図67(A)）では「手書きハガキ > 手書き風ハガキ ≒ 楷書体ハガキ > ゴシック体メール」の順で感謝の気持ちが高く評価された。Display条件（図67(B)）では「手書きハガキ > 手書き風ハガキ > 楷書体ハガキ > ゴシック体メール」の順で感謝の気持ちが高く評価された。

　手書きには労力が必要であり、書かれたものは一過性のもので、再利用できない。こうした相手のために費やした労力に対する代価として、感謝の気持ちが強く認識されたのかもしれない。これに対して電子メールでの返礼は、その簡便さから「手を抜いている」という印象を与え、これにより謝意が低いと判断された可能性がある。また、手書きは、ある意味ありのままの自分（「こんな字を書く私です」という自己開示）や文字に込めたそのときの感情を表出するための手段として機能する。それは相手に返報

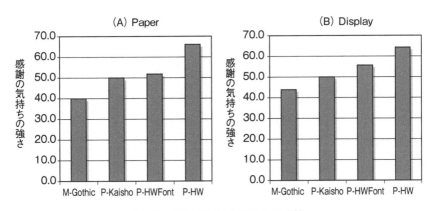

図67　感謝の気持ちの強さの比較

性（何かお返しをしなければならない気持ち）を喚起させる。その結果として、感謝の気持ちが強く伝わるのかもしれない。

3つの評価についての総合的な考察

　まずは、状況や目的に応じた表示メディアや文書スタイルの選択について考える。この評価実験では、手紙は紙で送るほうが、電子的に送付するよりも受取人から見た差出人の魅力（特に、親しみやすさと付き合いやすさ）が高く評価された。したがって、感謝の気持ちを伝えるには、紙での送付が望ましいと考えられる。さらに、手書きの手紙は人間味があり、あたたかく、個性的で、心がこもっており、楽しいという印象を相手に与えることがわかった。そして、感謝の気持ちが伝わる表現方法として、手書きの文章は紙でもディスプレイでも高い評価を得た。こうした事実から感謝の気持ちを伝えるには、紙での送付に加え、紙への手書きが最も望ましいと考えられる。

　ただし、これは全体の平均に対する見解であって、全ての人にあてはまるわけではない。紙への手書きは常に最適ではなく、状況によっては受取人から見た差出人の魅力を低下させる可能性があることも留意すべきである。具体的には、手書きは、差出人の「信頼できる」「安心して頼みごとをできる」の評価を低下させた。また、読みやすさを重視したり、綺麗で整っており、形式的、事務的な印象を与えたい場合には、ゴシック体メールや楷書体ハガキの利用が評価を高め、礼節を重視する場合には古風な手書き風フォントの利用が評価を高めることがわかった。

　すなわち、送付するメディア、フォントやレイアウトの選択については、状況に応じた使い分けが望ましいということである。そこで重要なことは、個々のフォントやレイアウトがどのような効果をもたらすか、使い分けの方法論を持つことである。こうした知見は、個人的な手紙や広告のダイレ

第 7 章　手書き・手描きの効果

クトメールの送付において、相手に想いを伝えたり、相手に対する自分の
印象をコントロールするのに有効であろう。

　また、表示メディアや文書スタイルの異なる文書から受ける印象は、手
紙を受け取る人の年齢や職業によって異なるだろう。また、本稿では感謝
の気持ちの強さを調べたが、他にも謝罪や依頼など、手紙にはさまざまな
目的がある。今後、多様な実験参加者、多様な状況での多様な目的の手紙
を対象に調査を進めることもまた必要であろう。

6 まとめと考察

　本章では、文章を書いたり、絵や図を描いたりする行為にメディアがどのような影響を与えるのかを述べた。フォーマルな文書を作成する場面では、ワードプロセッサが広く利用されているものの、古典的な研究ではワードプロセッサの使用が必ずしも文章の質を向上させるわけではないという実験結果が得られている。むしろ、文章が長くなり、表層的な誤字脱字の修正は頻繁に行われるが、全体構成にかかわる大胆な修正が行われなくなるというネガティブな側面も指摘されている。

　とはいえ、エディタやワードプロセッサを用いたデジタルライティングにさまざまな利点があることは事実だ。現状のデジタルライティングの普及を考えると、書くプロセスの変容による弊害の可能性よりも、書かれた文書の見栄えの良さ、読みやすさ、共有、検索、流通、再加工のしやすさといったデジタルライティングの利点が圧倒的な支持を得ているということだろう。

　そうであるなら、ワードプロセッサの開発に携わる人には現状のワードプロセッサの問題点（文章構成をしっかり考えることなく書き始めることを促進し、一旦書き始めると表層的な修正に従事して大胆な変更を抑制するなど）を正しく認識し、それらを是正するようワードプロセッサの機能やデザインの改善を求めたいと思う。

　これに対して講義や会議でメモを取る状況では、今でも紙への手書きが比較的多く見られる。手書きは認知負荷が低く、入力が正しいかどうかを確認する必要もないため、人の話を聞いたり、人の行動を見たり、自分が話したり、考えたりしながら入力ができるという大きな利点がある。一方、PCへのタイピングでは認知負荷が高いため、他のことに頭を使う余裕が

第7章　手書き・手描きの効果

なくなり、講義では学生が講師の言ったことをそのまま入力する入力マシーンになってしまう可能性がある。読みやすい綺麗な講義ノートを取るためではなく、講義を理解して自分の知識にすることが目的なら、そして議事録を作成するためではなく、会議の流れを把握して議論に参加することが目的なら、先の実験結果をふまえると、現状では手書きでメモを取ることが望ましいだろう。

　ただし、これは、紙への手書きの優位性が今後も永続的に続くことを主張しているわけではない。重要なことは、タイピングよりも「手書き」のほうが認知負荷が低いということであり、「電子的な手書き」が利用されるようになる可能性もあるためだ。近年、タブレット端末はデジタルペンやスタイラスによる手書きの機能を提供している。まだペンなどで紙に書く時の書き味には及ばないが、デジタルペンの書き味や書き心地を向上させるための研究開発は着々と進められている。デジタルペンの書き味や書き心地は、今後ますます改善されていくことだろう。

　手書きとタイピングではテキスト入力時のユーザの作法が大きく違う。したがって、タイピング入力に移行すると、思考プロセスに変化が生じ、これが良い影響をもたらすこともあれば、悪い影響をもたらすこともある。これに対して紙への手書きから電子メディアへの手書きの切り替えでは、入力される媒体が異なるだけで、ユーザの入力作法に何ら変化をもたらさない。したがって、デジタルペンによる書き味のよい電子メディアが考案された場合、それはユーザに抵抗なく受け入れられる可能性がある。

　絵や図形を描く行為については、実験による定量的な評価ではなく、デザイナの経験論やデザインプロセスの観察にもとづく他の研究者の考察に私たちの私見を交える形で議論した。デザインの初期段階でデザイナが紙への描画を好む理由は、大きく2つある。ひとつは個々のストロークの描画の際に何を描くかの意思決定が事前に必要になることであり、もうひとつは描かれた図形が完成形をイメージさせるためにデザイナの思考が見た

199

目の整形モードに導かれることである。

　電子ツールと異なり、紙とアナログの筆記用具は多くの機能を持たない。紙に対してできることは、手を動かして描くことだけである。それでも、線の濃さや太さをコマンド選択することなく、自然に、自在に制御可能であり、デザイナは紙の上に多様な表現を描く。そして、思考に中断をもたらさずに描きながら考えられるようになることで、紙は描かれた表現物との豊かな対話を可能にする。紙との多様で、柔軟なインタラクションのあり方から、私たちはもっと学べることがあり、それを電子メディアの設計に活かせると感じている。

　また、情報を保持するための手段としてだけでなく、手書きは相手に気持ちを伝える手段としても利用可能である。感謝の気持ちは紙への手書きが最も高く評価され、手書きは人間味があって、あたたかくて、親しみがあり、印象・記憶に残り、もらって嬉しい、などと評価された。一方で、読みやすさ、綺麗さ、知性的か否かといった事柄について、手書きの文章は高い評価を得ていない。手書きや活字などの書字スタイルは目的や状況に応じて使い分けることが望ましいことがわかる。

第8章

メディアと
環境負荷

私たちは認知科学に携わる研究者として、紙と電子メディアの読み書きへの影響を比較する一連の実験を実施してきた。そして、実験の結果を社内外でプレゼンや講演をするたびに、よく「環境負荷についてはどうなのか」という質問を受けた。環境に対する意識の高まりからだろう。多くの人が紙と電子メディアの環境負荷の違いに関心があるようだ。

　それもそのはずである。紙の利用は環境によくないことだという考えが広く定着してしまっているからである。エコ推進活動の成果を視覚化する手法として、削減したCO_2（二酸化炭素）排出量を木の本数に換算して表示する方法がよく利用されている。木は緑色（グリーン）であり、エコの象徴である。そして、紙は木を原料として作られている。紙を消費することはエコの象徴である木を切り倒すイメージに直結し、このことから紙は環境の悪者というイメージが形成されている。

　環境工学は専門外の私たちだが、紙の環境負荷は避けて通れない問題として、私たちは調査に乗り出した。紙をなくすことはエコなのか。紙とディスプレイはどちらが環境にやさしいのか。読み書きのさまざまなシーンでの紙の利点を主張してきた本書において、この点は極めて重要である。読み書きでのパフォーマンスの観点から紙が望ましいといっても、紙が環境によくないのであれば、紙の利用は道義上望ましくないことになる。

　紙は環境の悪者なのか。本章ではこの問いに答えてみたいと思う。

第 8 章　メディアと環境負荷

紙の利用はエコに反するのか

　紙の原料は木である。しかし、製紙産業は再生産業とも言われるくらい、紙の再利用が強く推し進められている。日本製紙連合会の報告[※16]によれば、2016 年の日本の紙・板紙の古紙利用率（生産量に対する古紙の利用率）は 64.8% であった。世界的にも紙の再利用は進んでおり、2016 年の古紙利用率の世界平均は 58.9% である。これは、紙の原料の大半が紙であることを意味する。「紙は紙から作られている」とも言えるだろう。

　参考までに、少し古いデータだが、日本製紙連合会が 2008 年 7 月に 1000 名を対象に実施した調査では（テックタイムス，2009）、日本人の 54% が紙の古紙利用率が 30% 未満だと回答している。実際のところ、2008 年時点での日本での古紙利用率は 61.9% であり、多くの人はこの値を随分低く見積もっていることがわかる。紙の生産に古紙が多く利用されているという事実、言うならば紙が紙から作られているという事実は、あまり認識されていないのが実情である[※17]。

　また、日本での紙・板紙の古紙回収率（生産量に対する古紙の回収率）は 79.2% である。世界平均でも古紙回収率は 58.6% であり、高い水準にあると言えるだろう。紙が「リサイクルの優等生」と呼ばれる所以である。

　現在、熱帯雨林を中心とした森林資源の減少が深刻な環境問題として取り上げられている。木を原料とする紙の生産と関係があるのだろうか。日本製紙連合会が実施した先の調査では、「紙の消費と森林減少に関係があ

※ 16　https://www.jpa.gr.jp/states/global-view/index.html
※ 17　日本製紙連合会では、森・エネルギー・紙の 3 つのリサイクルを通して、循環型社会の実現をめざす製紙産業の姿をわかりやすく紹介するリーフレット（『紙は、くり返し利用できる大切な資源』）や DVD（『循環型社会の実現に向けて』）を無料で配布している（https://www.jpa.gr.jp/about/pr/pamph.html）ので、参考にしてほしい。

るか」という問に対して「あると思う」「ややあると思う」と答えた人が73.8% に達した。逆に「関係ないと思う」「あまり関係ないと思う」と答えた人は 9.4% にすぎなかった。多くの人が、森林減少の一因として紙の消費を強く結びつけて考えていることがわかる。

これを裏付ける象徴的な記述として、地球温暖化問題の啓蒙活動でノーベル平和賞を受賞したアル・ゴア元米国副大統領の言葉を引用する。彼は世界的にベストセラーになった著書『不都合な真実』(Gore, 2006) のなかで、製紙産業が森林に破壊的な影響を与えているとして「毎週、米国人に新聞の日曜版を供給するために、森 1 つ分にあたる 50 万本以上の木が必要となる」と述べている。

何ともショッキングな記述である。新聞の日曜版の供給のために毎週 1 つずつ広大な森が姿を消している風景を連想させる。新聞紙の紙が全て木から出来ていて、そのために立ち木が丸ごと伐採されているのであれば、この記述は正しいかもしれない。

しかし、日本製紙連合会の報告[18] によると、2017 年の製紙の原料は64.3% が古紙、残りがパルプである。パルプの内訳は海外からの人工林材の輸入、木材の加工で生じる余材である製材残材、天然林の管理のために計画的に伐採される低質材や間伐材、家屋の解体で生じる古材がほとんどある[19]。パルプの生産のために天然林の立ち木がまるごと伐採されるということではない。

参考までに、日本の製紙会社はいずれも、国内・海外に膨大な人工林を保有しており、パルプの原料となるユーカリやアカシアを計画的に植林、伐採している。パルプ原料にするために、若い立ち木を数年で伐採するのは環境にやさしくないという見方がされることもあるが、実はそうではない。木は二酸化炭素を吸収して固定するが、成長過程の若い木のほうが二

※ 18　https://www.jpa.gr.jp/states/pulp/index.html
※ 19　https://www.jpa.gr.jp/states/pulpwood/index.html

第8章　メディアと環境負荷

酸化炭素の固定量が多く、老木は二酸化炭素をあまり固定しない。したがって、地球温暖化への貢献を考えると、老木になる前に切り倒して、新しい木を植えるほうが、環境にやさしいことになる。木を植林して紙の原料に利用することは、紙の原料調達の観点からも地球温暖化対策の観点からも、実は利にかなっていることなのだ。

　もうひとつ大きな問題として、紙が物理的なモノであり、目立つ存在だということも、紙が環境問題のやり玉にあげられる要因になっている。紙は使っても減らないため、使い終わったら積まれる。そして、紙の消費量がひと目で把握できるようになる。このことは、紙の消費が資源の無駄使いの象徴として考えられる一因になっている。

　これに対して電力やガソリンは使った量が蓄積されないため、一定期間にどれだけ消費したのかを意識することは少ない。2011 年の東日本大震災以降、電力の消費量が強く意識されるようになった。それでも電力消費の絶対量のみが重視され、電力の環境負荷が他の資源と比較されることはない。もし、電力やガソリンの消費量についても紙と同様の形で見える化されたなら、資源消費としての電力やガソリンに対する見方、さらにはそれと対比した紙に対する見方もだいぶ違ったものになるだろう。

　さらに、ガソリンは化石燃料そのものであり、電力の多くは化石燃料を使って生産される。これに対して紙の資源である木は再生可能エネルギーである。過剰な資源調達とエネルギー消費をしない限り、産業内に閉じてエネルギーと資源を使い回すことも可能だ。もちろん、製紙工場では電力もガソリンも使うことになるが、木から抽出される黒液をエネルギーとしてうまく活用し、逆に電力会社に電力を売る工場さえある。

オフィスにおける CO_2 排出量の内訳

　紙の環境負荷は他の資源やエネルギーと比べてどのような位置づけになるのだろうか。オフィス全体の CO_2 排出量に対して、どれだけのインパクトを持つのだろうか。

　伊藤ら（2008）は日本の典型的なオフィスとして事務・営業を主体業務とする従業員50人規模のオフィスを想定し、そこでの CO_2 排出量の全体像を明らかにした。ビル内のエネルギーの消費や移動のためのエネルギー消費、資源の保有量や消費量については、極力、日本の平均値を用いてオフィスとそこでのワークスタイルをモデル化している。

　図68は伊藤らの分析結果である。CO_2 排出量が多いのは空調（30.2%）、照明（14.8%）、コンセントによる電力消費（14.8%）で、この3つで6割近くを占める。プリント用紙の消費については、1人1日あたり21枚のプリント用紙を消費するものとして（これは当時の日本でのプリント用紙の消費の平均値）、資源としての紙の CO_2 排出量はオフィス全体での CO_2 排出量の1.2%に相当する。プリント用紙の出力に伴うFAX、複合機、プリンタ等の消費電力による CO_2 排出量を加えても、オフィス全体での CO_2 排出量の2.7%である。これは、空調の11分の1、照明の5分の1に満たない。

　世の中では紙を減らせばエコになると考えられている。確かにそのとおりだが、紙の消費を減らすことで削減できる CO_2 排出量は、オフィス全体での CO_2 排出量のわずかな部分にすぎない。オフィスでの CO_2 排出量を減らすことを目的とするなら、まずは全体での比率の大きい、空調、照明、さらにはコンセントのなかでも大きな割合を占めるPCや自動販売機などの使用量を控えるのが効果的なアプローチだと言えるだろう。

第 8 章　メディアと環境負荷

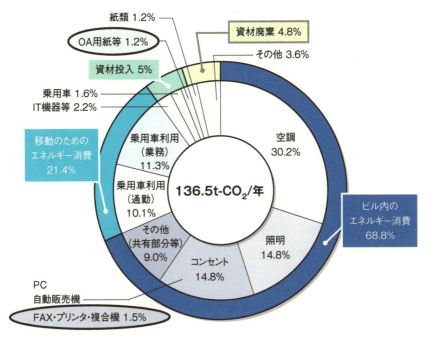

図 68　日本の典型的なオフィスでの CO_2 排出量の内訳

3 紙とデジタル機器利用時の CO_2 排出量の比較

　紙と紙のプリントに関する CO_2 排出量が、オフィス全体の CO_2 排出量のわずかな部分にすぎないことを前節で確認した。そうは言っても、情報表示を行うシーンで、紙を用いるほうがエコなのか、電子メディアを用いるほうがエコなのか、気になるところだ。

　2010 年に私たちは、文書を読む際に紙にプリントして読む場合とディスプレイで読む場合、さらには会議で文書を共同閲覧する際に紙で配布する場合とプロジェクタで投影する場合について、CO_2 排出量を比較した（柴田・大村，2011）。

　こうした分析を行うには、エネルギーや資源の CO_2 排出の原単位、PC やプリンタなどの電子機器のライフサイクルアセスメント[20]（LCA）と消費電力などの基礎データを入手する必要がある。分析は当時のデータをもとに行ったため、本来であれば、改めて基礎データを取得し直すことが望ましい。しかし、電子機器の LCA を提供する産業環境管理協会のウェブサイトでは、一部のプリンタを除いて各社の製品の LCA が公開されていない。製品の LCA を公開することの意義が 2010 年当初に比べて低くなったのだろう。

　そこで、ここでは 2010 年の分析結果をもとに、紙と電子メディアの CO_2 排出量の比較結果を紹介する。ここでは算出の過程を省略し、結果のみを簡単に紹介する。分析で利用した基礎データや分析方法については、文献（柴田・大村，2011）を参照されたい。

---

[20] ライフサイクルアセスメントとは、商品の製造、輸送、販売、使用、廃棄、再利用までの各段階における環境負荷を明らかにし、これら全行程での商品 1 個あたりの環境負荷を見積もることである。

文書を読む場合

　最初は文書を読む際に、紙にプリントして読む場合とディスプレイで読む場合のCO_2排出量を比較する。文書を紙にプリントすると、資源としての紙に加えてプリンタの電力を消費する。これに対して文書をディスプレイで読むと、ディスプレイの電力を消費することになる。果たして、どちらがエコなのだろうか。

　CO_2排出量は文書のページ数、使用するプリンタ、PC、ディスプレイ、読みに要する時間に依存する。ここでは8ページの文書を読む場合を想定する。ちょうど論文や報告書を読む場合を想定すればよいと思う。

　著者のひとりは、講演でこの研究を紹介する際、結果を説明する前に必ず、聴講者の意識調査をするようにしている。意識調査が目的なので厳密さは切り捨てて、「8ページの論文や報告書を読む場合を想定してください。紙に出力して読むほうがエコか。あるいはディスプレイで読むほうがエコか」という問いかけをしている。結果は極めて明快であり、IT系の聴講者が主体の場合には、10割近くの人がディスプレイのほうがエコだと答える。紙がエコだと答える人は、ほとんどいない。紙とのかかわりが深い印刷業界や製紙業界では、紙がエコだと答える人が増えるが、それでもせいぜい2〜3割程度である。多くの人にとって、文書を読むならディスプレイのほうがエコという意識が強く定着している。

　では、実際のところはどうなのだろうか。紙文書では文書の表示そのものに電力を必要としないので、CO_2の排出はプリント出力時1回きりのものになる。その後、紙では何時間かけて文書を読もうが、次の日にまた読もうが、他人に渡そうが、追加でCO_2排出を伴うことはない。逆に電子機器では、文書の表示そのものに電力が必要なため、CO_2排出量は文書の表示時間に比例して増加することになる。したがって、短時間の文書表示では電子機器のほうが、長時間の文書表示では紙のほうがエコになること

が予想される。この紙の CO_2 排出量と電子機器の CO_2 排出量の大小がどこで入れ替わるかが重要になる。

結果は図 69 に示すとおりである。横軸が文書を読むのに要する時間、縦軸がその作業に要する CO_2 排出量である。8 ページの文書を読む場合、1 時間以上かけて読むのであれば、当時の標準的なノート PC で読む場合と比較して、紙にプリントするほうがエコであることがわかった。逆に 1 時間以内で読み終えるのであれば、ノート PC で読むほうがエコという結果になった。参考までに、事務作業での利用を想定した当時の標準的デスクトップ PC（実体はメモリが 4 GB 以下）ではおよそ 30 分、開発での利用を想定した高性能デスクトップ PC（メモリが 4 GB を超えるもの）ではおよそ 15 分で紙の CO_2 排出量との大小関係が逆転することがわかった。

文書を読む状況において、紙とディスプレイのどちらがエコかは状況に依存する。短時間で表示内容を次々と切り替える状況ではディスプレイがエコであり、ひとつの文書を時間をかけてじっくり読む場合には紙に出力

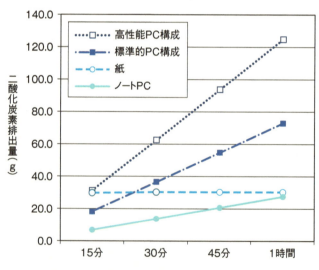

図 69　文書を読む場合の CO_2 排出量の比較

するほうがエコになる傾向がある。CO_2 排出量に関する客観評価の結果は、人々の意識調査の結果、すなわち先入観とはだいぶ違った結果になることがおわかりいただけるだろう。

会議で文書を共同閲覧する場合

もうひとつの分析対象シーンである会議で文書を共同閲覧する場合について考えてみる。こちらも、講演で結果を紹介する前に、ほぼ毎回、聴講者の意識調査を行っている。質問は、「会議文書を紙で配布するほうがエコか、プロジェクタで投影するほうがエコか」である。こちらは、先ほどの読む場合以上に明確な回答であり、業界を問わず、ほぼ全員がプロジェクタによる投影のほうがエコだと答える。

モデルケースとして 1 時間の会議で 1 人あたり 10 ページの文書を会議で共有する状況を想定している。このとき紙の使用枚数は会議への参加人数に比例する。参加人数の変化に応じた CO_2 排出量の変化を示したものが図 70 である。会議には参加者の多くがノート PC を持ち寄って、うち 1 人がプロジェクタに接続して投影することも多いため、ノート PC を持ち込む人が 1 人の場合と全員の場合とでシーンを分けている。

結論から述べれば、当時の分析では、ノート PC をプロジェクタに接続して 1 時間投影する CO_2 排出量は、およそ紙 25 枚分のプリント出力に相当する。全員に文書を配布するのに、それ以上の紙が必要になるのであれば、プロジェクタを利用するほうがエコだということになる。

総じて、会議での参加者の人数が多い場合にはその分配布資料も多くなるので、プロジェクタを利用するほうがエコになるケースが多い。逆に、数ページの文書を数名で共有して打ち合わせる場合などは、プロジェクタを利用せずに紙に出力して配布するほうが環境にやさしいと言える。この際、紙文書だと資料に書き込んだり、資料を相手に見せて指さしながら議

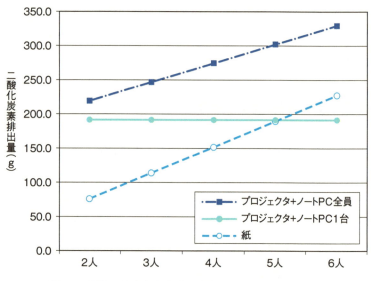

図70　会議で文書を共有する場合の CO_2 排出量の比較

論することも可能になる。

　会議で文書を共同閲覧する場合も、紙での配布とプロジェクタ投影のどちらがエコかは状況に依存する。再び、人々の先入観と客観評価の結果には、だいぶ開きがあることがおわかりいただけるだろう。

結果の妥当性

　電子機器は年々、省電力化が進められている。2010年から8年たった今、多くの電子機器の環境負荷は当時よりいくぶん減少していると考えられる。それでも、2010年以降、電子機器の消費電力、さらには製造過程での資源やエネルギーの消費を大幅に低減させる革新的技術は見当たらない。したがって、ここで示した2010年の分析の傾向は現在でもあてはまると考

えている。

　今後について、単一のデバイスのみについて言えば、電子機器は技術進化とともに省電力化されていくはずである。しかし、通常、ハードウェアの性能が上がれば、それに応じて OS やソフトウェアも高機能化し、それらを動作させるハードウェアの要求スペックは高くなる。さらには、年々、機器の種類が増え、1 人の人が所有する機器の種類も増えていく。こうした点をふまえ、その時代の標準的な ICT 環境を想定した場合、紙と電子メディアのどちらが環境にやさしいのかは、簡単には予想できない側面がある。

　省電力化に寄与する新しい技術として、リライタブルペーパーと電子ペーパーについてもふれておきたいと思う。リライタブルペーパーは、熱や光を加えることで紙にプリントした情報を消せる技術であり、情報を消せるという側面を重視して「消せるトナー」と呼ばれることもある。紙を作り変えることなく、再利用可能にする省資源化を目的とした技術である。紙の生産と輸送、廃棄のプロセスをなくすことから、環境負荷の削減に大きく寄与するはずだ。

　電子ペーパーは、液晶ディスプレイや有機 EL ディスプレイのように、電力を消費することなく情報を表示し続けることが可能な技術である。電子機器ではあるが、情報を書き換えるときしか電力を消費しないので、大幅な電力消費の削減が期待できる。

　いずれも環境負荷の低減が期待される技術だが、グローバルな環境負荷のトレンドに影響を与えるほどには、現在のところ普及が進んでいない。今後、こうした技術の発展と普及を期待する。

4 まとめと考察

　紙は環境問題のやり玉にあげられることもあるが、実は紙は資源のリサイクルが進んでおり、製紙会社各社は環境に配慮した資源調達を行っている。また、オフィスでの CO_2 排出量全体に比べると、紙の環境負荷は非常に小さなものであることを確認した。最後に、業務の各シーンで紙を利用する場合と電子メディアを利用する場合の CO_2 排出量を比較し、どちらが環境にやさしいのかは状況に依存することを述べた。

　本章の最後に紹介した紙と電子メディアの CO_2 排出量の業務シーンごとの比較結果は、紙と電子メディアの優劣が数値で比較され、状況も明確でわかりやすいため目を引きがちだ。しかし、この結果を重視しすぎることに私たちは懸念を感じている。これはあくまで、紙にかかわる CO_2 排出量がオフィス全体のごくわずかだと知りながら、紙の環境負荷に興味をもつ人間として、あえてミクロな分析をしたにすぎない。

　この分析の前提には、紙で作業しても、電子メディアで作業しても作業効率は同じだという考えがある。しかし、通常、利用するメディアが変われば作業効率も異なる。作業効率が悪化すると労働時間が増え、空調、照明といったオフィスインフラも長時間稼動することになり、 CO_2 排出量が増大する。空調、照明、PC 等の電力消費がオフィスでの CO_2 排出量の7割近くを占めるという本章2節の分析をふまえると、労働時間とオフィス稼働時間を減らすことこそが、 CO_2 排出量削減の最重要課題と言える（伊藤ら，2013）。そして、本書では、電子メディアよりも紙を利用するほうが効率的に作業できる状況が数多くあることを実験的に示してきた。

　一方で、コンピュータを使って遠隔会議したり、遠隔で共同作業すれば、人が物理的に移動する場合に比べて環境にやさしい働き方を作ることがで

きる。紙か電子メディアかという両極端な議論ではなく、多面的なメディアの利点と欠点を総合的に判断して状況に応じて両者をうまく使い分けていくことが重要だと私たちは考えている。

第9章
考察と提言

この最終章では、これまで述べてきた実験や分析の結果をもとに、本書の冒頭で述べたいくつかの疑問に答えるとともに、紙と電子メディアの未来のあるべき姿について考えてみたいと思う。

　まずは、その前に、本書で述べてきた研究結果を再び概観したいと思う。第3章で見たように、紙は読むためのメディアとして好まれている。この理由を探るため、第4章ではメディアの表示品質の読みへの影響を調べた研究を紹介した。現状の電子メディアはテキストを読むという観点では十分に高品質な情報表示が可能であり、メディアの表示品質の違いが読みのパフォーマンスに与える影響は大きくないことを述べた。

　第5章ではメディアの操作性の読みへの影響を調べた。結果として、複数の文書を横断して読んだり、ページ間を行き来して読んだり、ページをぱらぱらめくりながら読む状況では、ディスプレイやタブレットよりも紙を用いるほうが読みは効率的で、理解度、誤り検出率などの読みの質も高かった。紙は読みの最中に行われるさまざまな行為の操作性に優れており（逆に言うと電子メディアの操作性が劣り）、これが読み書きでの紙の優位性につながっていることがわかった。

　また、第6章で見たように、紙はシンプルで多機能でないからこそ、読書への集中を阻害する要因が少ない。逆に電子メディアはメニューやアイコン、カーソルの点滅、警告のポップアップなどが集中を阻害する要因として機能する。そして、多機能でさまざまなことができるからこそ、簡単に注意が別の作業に向いてしまう傾向があることを述べた。

　第7章では、書くということについて取り上げ、メモやアイデアを書き留める状況では紙への書き込みが好まれていることを示した。紙への手書きには、人の話を聞きながら、自分が話しながら、あるいは考えながら、情報を書き留められるという利点がある。講義ノートはノートPCで取るよりも紙に手書きで取るほうが、自分の言葉でメモを取るようになり、また講義後のテスト成績もよかった。また、メッセージを他者に送る場合に、

紙への手書きが、活字による電子メッセージに比べて対人認知上の優れた効果があることを示した。

第8章では、紙は環境の悪者とは言えないことを述べた。紙は木から作られ、目立つ存在だということから過大に問題視されがちだが、照明や空調の環境負荷に比べると紙の環境負荷は驚くほど小さい。また文書を読んだり、会議で文書を共有するなどの個別のシーンを具体的に検討しても、紙と電子メディアのどちらの環境負荷が小さいかは状況に依存するが、総じて長時間の読みや少数での打合せでは紙を利用するほうが環境によいと言える。

本書で繰り返して述べてきたように、読み書きの活動において、紙には、依然として大きな利用価値がある。また、環境負荷の観点から、紙を排除することはかえって好ましくないこともある。この点をふまえれば、今後、すぐに紙がなくなることはないだろう。

それでも、ここではもう少し踏み込んだ議論をしてみたいと思う。私たちは紙と電子メディアの使い方について、どのような未来を描いていけばよいのだろうか。また本書で紹介したメディアの認知研究の結果は、技術の発展にどのような知見をもたらすのだろうか。こうしたテーマについて、私たちの見解を述べる。

1 電子書籍では、なぜ内容を覚えられないのか、なぜ読後の印象が薄いのか

　本書の冒頭で「キンドルでミステリー小説を読んだが、登場人物の名前を思い出すのが難しかった」というタイム誌の記者の体験談（Szalavitz, 2012）を紹介した。また、電子の本では読んだ書籍に対する印象が薄いという酒井氏の見解（酒井，2011）を紹介した。これらは個人的な体験談のため、その正当性を確かめることはできない。それでも、こうした現象は本当に生じるのか、そうだとするならどういう状況で生じるのか、なぜそうなるのか。これは本書の最初に提示した疑問である。ここでは、これらの疑問に答えてみたいと思う。

　第4章で見たように、現状の電子メディアの表示品質は十分に高いものであり、見るだけなら紙で読んでも電子メディアで読んでも読みのパフォーマンスには大きな違いない。したがって、第5章で見たメディアの操作性の問題を検討する。上記の体験談は、その文脈から単一文書の読みについて言及したものであるから、ページめくりの操作性が対象になる。

　5章5節で見たように、電子の書籍では異なるページ間を行き来するのが難しい。ミステリー小説を読む場合には、以前のイベントや描写の詳細を確認するために、数ページ前の情報を参照することもあるだろう。また、全体を把握するために目次を参照して元に戻ったり、場合によっては小説に付与されたマップを参照することもあるかもしれない。

　マーシャルとブライ（Marshall & Bly, 2005）は、紙の雑誌の日常的な読みでは、ちょっとした先読みや後戻りが頻繁に生じていることを観察から明らかにしている。彼らはこれを「軽いナビゲーション（light-weight navigation）」と呼び、読み手自身もほとんど意識することのない無意識的な行為であることを指摘する。

第9章　考察と提言

　こうした軽いナビゲーションは、電子書籍でももちろん可能だが、その
しやすさは紙の書籍の場合とは全く異なる。できることはできるが、無意
識的に行えるレベルには達していないのだ。集中を要する読みでは、その
最中に行われる操作が無意識的に行えないと読みが阻害される。もしくは、
それを嫌がって軽いナビゲーションを避けるようになると、事実確認や関
連情報の機会が減るため、内容理解にも影響が生じる可能性がある。

　ミステリー小説は、細かな事実が後々のストーリー展開で大きな意味を
持つことがあるため、恋愛小説や自伝などに比べて、ページを移動する軽
いナビゲーションの頻度が多いのかもしれない。そして、それが阻害され
ることで、登場人物の名前を思い出すのが難しくなることがあるかもしれ
ない。すなわち、ミステリー小説で登場人物の名前を覚えるのが難しいと
いう現象は、軽いナビゲーションが頻繁に生じる読みで、それが阻害され
たために生じた現象ではないかと私たちは考えている。

　専門書を読む場合などは、こうした問題が顕著に現れる。専門書では、
参考文献や注釈は書籍の後半にまとめられている。これらを参照するには、
一旦、書籍の後ろに移動して必要な情報を確認してから、再び元の位置に
戻ることになる。また、全体像の把握のため、書籍を読んでいる最中に目
次を確認したくなることも多い。こうした際、紙の書籍では、読んでいた
位置のページに指を挟むことで、参考文献や目次にジャンプしても、それ
らの参照後に元のページに簡単に戻ることができる。

　また、専門書でなくても図表が多く差し込まれた書籍では、図表そのも
のとそれを言及した本文の箇所が異なるページに記述されることも多い。
そうした場合、前後のページに移動して図表を参照して元の位置に再び戻
る必要がある。こうしたページ間の行き来が電子書籍ではスムーズに行え
ず、書籍の内容がうまく頭に入らないことがある。

　実は、著者のひとりは、書籍に図表が使われているか否かを、書籍を電
子的に購入するか、紙で購入するかの判断基準のひとつにしている。図表

221

が多く使われている書籍では、ページの切り替えが面倒で図表の参照がおろそかになってしまうので、紙の書籍を選択するようにしている。そして、本書は図表を多く含んだ書籍である。このことは、本書の冒頭で、本書を電子書籍ではなく紙の書籍で読むことを勧めた根拠のひとつにもなっている。線形に読み進められる書籍なら電子書籍で読みたいが、ジグザグに読む書籍なら現状では紙の書籍で読みたいと思ってしまう。

　また、5章6節で見たように、人は難しい文章を読む際に、テキストをなぞったり、ポインティングして読むことが多く、これが妨げられると読みのパフォーマンスが低下する可能性がある。電子書籍では、なにげなく画面に触ることで、意図せずにページがめくれてしまうことがあり、これは読みの阻害要因になる。これを回避するために画面に触らないよう注意すると、今度は読みの集中が阻害される。そして、本を自分のものとしてコントロールしているという感覚が薄れる。

　さらに、電子書籍の読書体験から得た知見として、電子書籍リーダーやタブレットで書籍を読むと、本の厚さがどれくらいあるのか、そしてそのなかで自分がどこにいるのかを直感的に把握できない。もちろん、××パーセントという表示により、現在読んでいる箇所が全体のどれくらいの比率の位置なのかはわかる。そして、これまでの読んだ時間や体力から、残りを読むのにどれくらいの時間や体力が必要かも、論理的には概算可能だ。実際、キンドルでは、読了するまでの残り時間の推定値が表示される。しかし、計算してわかる、あるいは数値としてわかるということと、最初から量として視覚化されており、それを触って体で感じられるということには大きな違いがある。紙の書籍では当たり前のように提供されていたこの種の情報の重要さを、電子的に読書をするようになって、著者は改めて実感している。

　このように考えると、読む行為における手の果たす役割の大きさを思わざるを得ない。読書とは、目で情報を受け取るだけのことでない。手を

使ってアクティブに書籍のメッセージをつかみ取るプロセスなのだ。電子書籍で提供する言語情報は、ほぼ紙の書籍と同じである。紙の書籍でできる操作の大半は電子書籍でもできる。しかし、重要なことは、機能的にできるかどうかではなく、そのやり方である。手を使って操作をするからこそ、認知負荷が小さく、読みを阻害しないとは本書ですでに述べたことである。

　加えて、手で触って扱うからこそ、書籍の内容を自分のものにしたという感覚が芽生えることもあるかもしれない。あるいは、アクティブに内容をつかみ取ろうとする意識が芽生えることもあるだろう。そして、酒井氏（酒井, 2011）が指摘するように、紙の本についての明確な印象として記憶に残るのかもしれない。

　キンドルを代表とする電子書籍リーダーは、読者が著者の世界に入り込んで集中できるよう、無駄な情報を極力控えたシンプルなデザインを徹底している（石川, 2010）。したがって、電子機器のデバイスやソフトウェアの視覚的外乱が読みの集中を阻害するという第6章で述べた問題は、電子書籍リーダーで小説を読む場合においては、PCやタブレットでの読みほどの問題にはならないだろう。著者も実体験を通して、そのことを感じている。それでもやはり、ページ操作のしにくさや画面のタッチによる生じる意図しない振る舞いが生じることにより、読みの集中が阻害されると感じることも少なくない。

　なお、本節では単一文書を対象にページめくりの操作性が読みに与える影響を議論したが、複数の文書を横断する読みの場合はどうだろうか。複数の文書の記述内容を比較する読みでは、本書の5章4節の実験で示したように、電子メディアに対する紙の優位性が顕著に示された。文書を並べて比較する状況では、紙を用いることの優位性は、異なるページを行ったり来たりする以上に顕著なものになると思う。

　ここまで私たちの推察を述べてきたが、記憶心理学の知見にもとづけ

ば、記憶は認知処理としての処理の深さや精緻化の程度によって決まることが良く知られている（Craik & Lockhart, 1972）。内容を深く処理するほど、精緻に処理するほど、記憶の持続性は高まるのである。第1章で述べたように、ディスプレイ上のテキストを読む場合、飛ばし読み、斜め読み、拾い読みといった電子環境に特有な「浅い読み」のモードが選択されやすくなる。また、「深い読み」をしようにも、第5章や第6章で指摘したような操作性の問題や注意を奪うような環境などの障害によって、それができない可能性がある。

　注意と記憶成績には密接な関係があり、簡単に言ってしまえば、記憶成績は注意の集中度に依存する（レビューとして、小谷津・大村, 1985；Plude, 1992）。注意の集中ができない状況や注意が分散される状況では、「浅い処理」「浅い読み」しかできない。その結果として、紙の書籍を読む場合に比べて、記憶が低下する。学習・教育教材に紙メディアがいまでも好まれるのは、このような理由によると考えられる。

　第1章で述べたように、小説の醍醐味は、その世界に没入して、物語を疑似体験することである。現状の多くの電子環境は、物語への没入を阻害する点でも問題があり、ある意味、読書を楽しむことも十分とは言えないのかもしれない。

紙とデジタルを賢く使い分けよう

　これまで、読み書きの局面で紙の利用に価値があることを述べてきた。そして、環境負荷の観点からも紙は必ずしも排除すべきものではないことを述べてきた。むしろ、特定の作業で紙の利用が作業の効率と質を向上させる（逆に言えば、電子メディアが効率と質を低下させる）ことが明らかなのだから、こうした領域では積極的に紙の利点を検討してよいと思う。

　メディアの利便性は状況によって異なる。万能なメディアは存在しない。当たり前のことだが、私たちはこのことを忘れがちだ。紙と電子メディアの比較の議論では、両者のいずれか一方の選択を求める極端な議論が行われることがよくある。

　端的な例としては、本書で述べたような紙と電子メディアの比較研究を講演等で紹介すると、聴衆から「結局のところ、あなたは紙派ですか、デジタル派ですか」などと質問されることがある。紙を愛好する人は紙の良い点を強調して紙の利用を推奨し、電子メディアを好む人は電子メディアの良い点を強調して電子化を推奨するという二極化の対立構図がしばしば見られる。

　こうした二者択一の議論は、話を単純化しすぎているように思う。私たちが本気で自分の仕事の効率と質の向上を目指すなら、自分の行う作業を細かく分類すべきだ。そして、この作業では紙が望ましいが、別の作業ではPCを使うべきだ、あるいはPCではなくタブレットを使うべきだ、などのように状況を細分化したミクロな議論が必要だと考える。

　エスキモーは雪を表現するための言葉を50種類以上持っているという。生活の一部として、そして時には生死にかかわるものとして雪と日々接する彼らにとって、多様な広がりをもつ雪をひとつの言葉でまとめてしま

わけにはいかないのである。

　読みは実に多様である。ざっと目を通すものもあればじっくり読むものもあり、読む場所や読みに要する時間も多様であり、単一文書ではなく複数の文書を平行して読むこともあり、1人ではなく複数人で一緒に読むこともある（Adler et al., 1998）。書く活動もまた多様である。フォーマルな文章を執筆することもあれば短文を書き留めることもあり、話しながら書くこともあれば聞きながら書くこともある。そして各々の局面において、最適なメディアは異なる。こうした多様な広がりをもつ読み書きの活動に対して、私たちは「読む」「書く」という2種類の言葉しか持たないということが、話を単純化させる要因なのかもしれない。

　未来のオフィスや先進的なオフィスの例として、開放的なオープンスペースで1台の電子機器（多くはノートPCやタブレット端末）のみを用いて作業している写真やイメージ図を見ることがしばしばある。物理的な所有物を少なくして、モバイルやフリーアドレスでどこでも働けるようにすることがスマートなワークスタイルだとする考えのようだ。

　しかし、1台の電子機器で何でも作業しようとする姿に私たちは違和感を覚える。狭い画面に思考を押し込めるのではなく、広い空間に情報を広げて、体を使って作業に没頭できるようすべきだ。紙も含めたさまざまなツールやデバイスのなかから、状況に応じて最適なものを選択・併用し、作業の効率と質を向上させることこそが重要だと考えている。ノートPCやタブレット端末の狭い空間に思考を押し込んで、指先だけの身体動作で作業することが効率的で創造的な働き方をもたらすとは思えない。電子機器1台で何でも作業する未来像は、柔軟なモバイルワークを重視しすぎるあまり、人間の本質的な活動である「考える」行為を軽視してしまったワークスタイルに見える。

　著者たちの見解ではノートPCやタブレット端末はアーミーナイフのようなものである。アーミーナイフはハサミ、ドライバー、栓抜きなどのさ

まざまな機能をもつ。しかし、小型化のために使いやすさを犠牲にして作られているため、何をするにも最適な道具ではない。ハサミはアーミーナイフより専用のハサミのほうが使いやすい。ドライバー、栓抜きも同様だ。アーミーナイフは非常時の携帯用の道具としてはよいが、大工や料理人などのプロが使う道具は、決してアーミーナイフではない。

ノートPCやタブレット端末も同じである。さまざまなアプリケーションを搭載する汎用ツールであり、だからこそ便利なのだが、常にそれが最適なツールだとは限らない。むしろ、最適でないことのほうが多い。プロとして自分の仕事の効率と質を最大限に追求するなら、1台の電子機器で何でもこなすのではなく、多様なメディア、多様なデバイスをうまく使い分けるスタイルを追求すべきだと思う。

「弘法、筆を選ばず」ということわざがある。故事ことわざ辞典によると、「その道の名人や達人と呼ばれるような人は、道具や材料のことをとやかく言わず、見事に使いこなすこと」だという。私たちの認識は少し違う。プロこそ道具にこだわるのである。自分の仕事の真価が問われる場面で、プロは絶対に道具に妥協しない。ベストな道具を使って、ベストな仕事をしたいと考えるものだ。ITワーカーだけが、何をするにもベストでないノートPCやタブレット端末に妥協しないといけない理由はない。

作業の目的や状況に応じて最適な道具を選択したり、場合によっては複数の道具を併用して効果的に作業を進めるべきだ、というのが私たちの考える理想である。使い分けが大事だと述べると複数の道具を持ち歩くのが大変だと言う人がいるかもしれない。しかし、大工について言えば、道具を持ち歩くのが大変だという理由によりアーミーナイフで家を建てる大工がいるだろうか。また、使い分けの判断が難しいと考える人もいるかもしれない。しかし、状況に応じて道具をきちんと使い分けられるようにするのは、プロとしての必須の力量のひとつである。

もちろん、常に全ての道具を持ち運ぶ必要はない。また、常に最適な道

具を使わなくてはいけないわけでもない。それは作業のアウトプットにどれだけこだわるのか、あるいはこだわる必要があるのかに依存する。妥協が決して許されない仕事では、弘法も必ず筆を選ぶはずである。

紙とデジタルは連携すべき

　文書の利用の局面に応じて最適なメディアやデバイスを選択する働き方を実現するにあたり、紙と電子メディアとの間で簡単、迅速なメディア変換を相互に行えることが重要である。ここではメディア変換の技術の重要性を議論したい。

　作業をする際、電子メディアよりも紙を用いるほうが若干速い（例えば10～30秒ほど）ことがわかっていたとしても、実際にプリントアウトして紙で作業するケースは少ないと思う。プリントアウトして作業に取り掛かるまでに時間がかかるためだ。例えばPCで作業している場合には、作業を一時中断して、ダイアログでプリントアウトの指示を行ってから、プリンタまで出力した紙を取りに行く必要がある。プリンタを共有するオフィスだと、自席からだいぶ離れたプリンタまで出向かなくてはいけないことも少なくない。

　したがって、紙の利用が効率的だとわかっていたとしても、実際に紙が利用されるケースは少ない。現状では、長い文章を読んだり、校正や推敲のように紙で長時間にわたって作業するときに限られるだろう。紙を利用することで得られる効果、すなわちPCで作業する場合と比べた場合の作業効率の改善が、紙出力のコスト、すなわちプリント指示を行って、プリンタに行って帰ってくるまでの時間を大幅に上回っていないと、わざわざメディアを変更して作業しようという気持ちにならない。

　ところが、プリンタが卓上にあり、ダイアログなど出さなくてもプリント指示を簡単に行えるユーザインタフェースがあり、プリント出力も高速になり、トータルでのプリント出力に要するコスト、いわゆるメディア変換のコストが限りなくゼロに近づくとしたらどうだろうか。PCよりも紙

で作業するほうが作業が数十秒速くなるといった、わずかな効果のために紙が利用される可能性が生じる。たった数分の作業のためだけに紙が利用され、リサイクルされるケースも出てくるかもしれない。究極的には、ウィンドウを切り替えるような感覚で、あるいはアプリケーションを切り替えるような感覚でデジタルと紙の切り替えが行えることが望ましい。

　同様に紙からデジタルデータへの変換もスムーズに行われる必要がある。紙への書き込み結果をふまえて、出力した紙文書を再度デジタルデータとして取り込めないのであれば、やはり紙の利用が効果的だとわかっていても、デジタルデータのまま作業されるだろう。

　参考までに、人が複数のデバイスを使い分けたり、併用するようになると、デバイスのデザインも変化するだろう。頻繁に使い分けるデバイスについてはデータ転送がしやすく、持ち替えしやすくすることが必要になり、同時に利用するデバイスについては並べやすさが必要になる。現状のユーザビリティ評価の多くは、単一デバイスを利用する際の使いやすさが議論されることが多い。しかし、今後については、複数のデバイス（紙も含む）に対する持ち替えや連携のしやすさ、併用のしやすさといった事柄も評価対象になる可能性がある。

第9章　考察と提言

4 未来のオフィスの姿：ストックレスオフィス

　電子化により業務の効率と利便性を飛躍的に向上できると多くのIT企業は考えている。これは、電子文書は保存、転送、検索、遠隔アクセス、廃棄の側面において、作業の時間とコストの両面を大幅に低減できると考えられているためだ。

　私たちも基本的にはこれと同意見だが、そのなかでも保存の形態がどうあるべきかが重要だと思う。紙は扱いやすさの点で優れており、手にして操作してこそ電子メディアに対する優位性が顕著になる。書庫に保存されて、人によって手にされるのをじっと待っている状態であれば、紙の利点を最大限に活用しているとはいえない。

　一方、文書が電子的に保持されていれば、文書を簡単に転送、検索、遠隔アクセス、廃棄することが可能になる。また、閲覧の際に、適切なメディアに適切なフォーマットに変換して表示することもできる。したがって、文書は紙ではなく電子で保存するほうが利便性が高いと言える。

　現在、オフィスから徹底して紙を排除する試みが一部でなされている。しかし、上記の点をふまえ、私たちが考える未来のオフィスの理想像は「紙のないオフィス（Paperless Office）」というよりは「紙を保存しないオフィス（Stockless Office）」である（柴田，2015）。

　この未来像において、後で述べる特殊な場合を除いて、文書の保存は原則として電子的に行う。文書を利活用する際、作業の効率と質の観点から紙の利用が望ましい場合には紙が利用される。そして、多くの場合、使い終わったら紙は保存されることなく、廃棄されリサイクルされる。後で同じ紙文書が再び必要になったら、再びメディアに出力されることになるかもしれない。その際、以前とは利用する状況（閲覧する場所や目的）が異

なることもあるため、以前とは異なるフォーマットで、場合によっては紙ではなく別のメディアに出力される可能性がある。

　こうした作業での紙文書の生存期間は比較的短命になり、短い場合には数分の利用もありうるかもしれない。紙文書を長期間保持しないことは、セキュリティの観点からも望ましい結果をもたらす。現在、情報漏洩事故の半分近くが紙メディアから流出しているが、この問題を軽減することが期待できる。

　同時に紙の上の情報が長時間にわたって利用されないのなら、書いた情報が数時間で消える紙やインクの登場も期待したい。情報は使い終わったら消えてなくなるほうが、セキュリティの観点から望ましい。さらに、情報が消えてリサイクルできれば、エコの観点からも望ましい。現状の多くのセキュリティシステムは、ソフトウェア的に情報の流出を防ぐ。これに対して、数時間で情報が消えるインクを開発できれば、情報の流出を物質レベルで保証する極めてセキュリティレベルの高いシステムの構築が可能になる。

　「紙を保存しないオフィス」のコンセプトは、デスク上の本立てや書棚に、自分が読んだ本や資料を、さらには読みたいと思って買ったままで未読の本も含めて、背表紙が見えるように並べておくことの利点を過小評価しているのではないかという意見もあると思う。実際、書棚に並べた本は、必要なときにすぐに手にとって読むことができるという利点のほかに、たとえ手にとってページを開かなくても、外部記憶補助として、読んだ本の内容の記憶の強化や想起に役立つ。また、自分が読んだ本に囲まれて暮らすことは、ある種の喜びや満足感、充実感をもたらす。

　私たちは、こうした意見を否定しない。しかし、それは、自分の家の書斎か、個室のオフィスの場合であろう。一般的なオフィスでは、このような贅沢は許されないであろう。また、こうした紙の書籍を本棚に並べることの効果は、ある程度は電子的に実現可能である。これまで読んできた本

や資料をパーソナルな書棚などに並べて見えるようにするという仮想的な書斎空間の実現は、「紙を保存しないオフィス」にも有用な概念となる。

　それから、このコンセプトは効率性と利便性を追求したオフィスの理想の姿を端的に述べたものであり、話をいくぶん単純化していることを付け加えるべきだろう。まずは、現状では、契約書や法的書類など、種類によっては紙文書で保存することが法的に求められているものもある。こうした文書処理のペーパーレス化が法的に整備されたとしても、それが社会に浸透するには時間がかかるだろう。

　また、数百年から千年というオーダーの超長期にわたっての文書保存を意図するのであれば、文書を紙で保存することは有効な選択肢のひとつとなる。電子データを長期にわたって保存するには、電子データだけでなく、それを読み込むハードウェアとアプリケーションも長期に渡ってメンテナンスし続ける必要があり、これはかなりハードルが高い。そして、コンピュータの歴史そのものが100年に満たないのだから、電子データは100年以上にわたって文書を保持した実績がない。これに対して、紙は、歴史的な文書に見られるように、1000年以上にわたって情報を可読な形で現在に保持してきたという輝かしい実績がある。

　さらには、電力が利用できない災害時の情報提示の手段として、情報を紙として重複管理するなどということも考えられるだろう。

　それでも、保存目的で紙が利用されるという状況は、今後少なくなっていくだろうというのが私たちの見解である。

5 読み書きのデジタル環境への期待：思考のためのメディア

　第4章で述べたように、文書を先頭から後戻りせずに逐次的に読む場合には、紙で読んでもコンピュータディスプレイで読んでも読みのスピードや理解度、誤字脱字の検出に明確な違いは見られない。すなわち、小説を読むときのような線形の読みについては、紙で読んでも電子メディアで読んでも読みのパフォーマンスに大差はないだろう（9章1節で述べたように、読みが線形でない場合には話は異なるが）。

　そして、娯楽のための読みの支援に関して、現状の電子デバイスは一定の成功を収めている。その代表例はアマゾン社のキンドルだ。また、電子書籍の専用端末ではなく、スマートフォンやタブレットで書籍を読むというスタイルも定着している。

　しかし、複数の文書の内容をまとめあげたり、批判的に文書を読んだりする、いわばアクティブリーディングは、娯楽を目的とする読みとは性質が異なる（Schilit et al., 1997）。こうした読みでは、複数の文書を並べて横断して読んだり、異なるページを行き来したり、ページをぱらぱらめくったり、テキストを指でなぞったりという文書とのインタラクションが頻繁に生じる。こうした状況では電子メディアよりも紙を利用するほうが読みのパフォーマンスが高いことは、本書の数々の実験で示したとおりである。文書とのインタラクションの操作性が、読みのパフォーマンスに影響するためである。

　したがって、小説や雑誌の読みを対象に設計された現状の電子書籍リーダーでアクティブリーディングをすることには無理がある。実際、アクティブリーディングの支援を目的とするデバイスやソフトウェアが数多く提案されているが（Schilit et al., 1997；Tashman & Edwards, 2011；

第9章 考察と提言

Golovchinsky et al., 2011；Chen et al., 2012；Hinckley et al., 2012；Zhao et al., 2013）、いずれも広く普及するには至っていない。そして、文脈的な誤りを検出するアクティブリーディングにおいてタブレット端末の利用が誤り検出のパフォーマンスを低下させることは、5章6節で述べた私たちの実験（実験7）で示したとおりである。ここでは、アクティブリーディングを支援するデジタル環境に求められる要件を考えてみる。

　集中した読み書きや思考を支援するには、その最中に頻繁に行われる文書とのインタラクションの操作性を向上させることが重要である。さらに言うなら、それは機能的に操作が可能であればよいという問題ではない。また、速く操作できればよいという問題でもない。操作の認知負荷が低いことが重要だということを強調したい。

　例えば、複数の文書を読んで整理したり、比較する作業において、紙の文書を手で作業する場合と電子的な文書（ウィンドウ）を PC のマウスで作業する場合とで比較してみる。両方とも文書を「移動できる」という意味で、機能的には同じことが「できる」。マウス操作に慣れた人であれば、十分に速くウィンドウを移動できるはずだ。しかし、そのやり方には大きな違いがある。紙では手を使った直接操作であり、手の感触で操作できるため、操作位置に視線を向ける必要もない。したがって、操作の認知負荷も低く、文書を移動しているその最中にも考えることができる。

　これに対してウィンドウの移動では、操作のたびにマウスカーソルの位置に視線を向ける必要があり、操作中も正しく移動されているか否かを目で確認する必要があるため、認知負荷も高いことが予想される。したがって、文書を移動している最中に思考が中断してしまう可能性がある。この中断は時間にしたらごくわずかなものだろう。しかし、その際に考えていることを忘れてしまったら、単なる中断時間の積み重ねでは測れない大きな損害につながる。

　集中してものを考えている最中には、人はちょっとの邪魔も許容できな

いものである。思考を中断させないことが重要であり、操作をしながらも、その最中にも考え続けられることを保証する必要がある。

これを可能にするため、ひとつひとつの文書を個別にモノとして触って操作できるタンジブルな（実体感がある）環境を提供することが望ましい。人はモノの操作に慣れ親しんでいる。人は3次元の物理空間で生活しているため、モノの操作に慣れ親しむこと、さらに言うならモノの操作の認知負荷を小さくすることは、生存上の必須要件である。したがって、ひとつひとつの文書をモノとして分離させることで、その操作性を格段に向上させることができる。

また、文書を個別にモノにすることにより、複数の文書を空間に並べたり、重ねて整理したりして、情報の位置記憶や身体記憶をうまく活用できるようになる。無意識的に情報を扱えるようになれば、人は外在化された情報を脳の拡張として扱えるようになる。情報を脳の拡張のように無意識的に扱えることは、人がそれを使ってアイデアを得たり、重要な意思決定をするのに必須の要件である。

文書の操作性を向上させるために、デバイスの素材や形状のデザインも工夫する必要がある。手で持てる軽いデバイスが望ましく、複数のものが重ねられるよう薄くてフラットなものが望ましい。壊れにくくて（本当に壊れにくいことに加えて、壊れにくいとユーザに思わせる程度に柔軟で耐久性がありそうに見えることが重要）、雑に扱える素材が望ましい。また、気軽に持ったり置いたりできるよう、机に置くときに大きな音がせず、机の上を滑らせても傷がつかない材質、あるいは傷がついても目立たない素材が望ましい。

加えて、アクティブリーディングではジグザグな読みがなされるため、柔軟なページアクセスのサポートが欠かせない。デジタル環境ではページの概念が不要だと主張する人もいるので補足すると、スクロールで事が足りるのは、それが線形の読みだからである。あちこち行き来するジグザグ

な読みをスクロールで行うのは難しい。できないわけではないが、スクロール位置を目で確認することは読みを分断してしまう。ページ内のどのあたりにどの情報があったかという位置記憶も意味をもたなくなってしまう。アクティブリーディングを支援するには、位置記憶がうまく使えるようページの概念を導入することが望ましい。

　紙の書籍では、指の感触でページをめくれるため、ページめくりの際に操作位置に視線を動かす必要がない。ページをめくれたことの確認も指の感触で判断できるため、ページめくりの後に正しくページをめくれたかどうかを目で確認する必要もない。さらに、指を一時的なしおりとして機能させることで、ページ間を容易に行き来できる。これは、読んでいる最中に一旦脇道に逸れて元に戻ったり、異なるページの情報を比較したり、ページをぱらぱらめくって必要な情報を探したりする際には必須の要件である。そして、紙の書籍では両手と 10 本の指を使って複数の箇所に無意識的にアンカーを設定できる。これが紙の書籍での柔軟なページアクセスを可能にしている。

　デジタル環境で読み書きを行う場合にも、思考を中断せずに、柔軟なページアクセスを可能にする要件は欠かせない。ページを並べておけばページ間の行き来の支援は不要だと考える人もいるかもしれないが、それでもどのページを並べるかは指定する必要がある。そして、これを簡単に、無意識的にできるようにすることは簡単ではない。そもそも、並べるページを指定するには、やはりページをぱらぱらめくって所望のページを探す機能が必要になる。

　アクティブリーディングにおけるページアクセス支援の重要性は古くから認識されており、これまでにさまざまな研究提案がなされてきた[21]。しかし、未だ現実的な解決策が見つかっていないのが実情である。ソフトウェア環境での実現には触覚フィードバックの提供がネックであり、特殊な入力デバイスを利用するアプローチではデバイスの小型化やデバイスの

センシングがネックになっているようだ。

　少なくとも現状で一般的な解決策がないとなると、状況や目的に応じた個別の対応にならざるを得ない。支援対象の読みで行われるページアクセスのあり方に応じて、支援方法が検討されることになるだろう。したがって、支援環境は多様なページアクセス方法を提供し、ユーザの状況に応じてページアクセス方式を選択可能にし、入力デバイスやソフトウェアの振る舞いもカスタマイズ可能にすべきだろう。

※21　多くはページめくりに触覚フィードバックを与えるものであり、ページめくり専用のボタンを利用したり（Schilit et al., 1998）、湾曲可能なデバイスを利用したり（Schwesig et al., 2004 ; Watanabe et al., 2008）、フレキシブルなスレート端末を利用したり（Gallant et al., 2008 ; Wightman et al., 2011）する。また、ページ間の行き来を支援するため、タッチ操作で一時的なしおりを付与できるようにしたり（Yoon et al., 2011）、紙の書籍そのものをページめくりの入力デバイスとして利用する（Masunaga et al., 2017）などの提案がなされている。

第9章 考察と提言

6 子供たちには、まずは紙での読み書きを教えよう

　本書ではメディアの違いが読み書きのパフォーマンスに与える影響を議論してきた。本書で紹介した実験の多くは年齢が20歳以上の大人を対象にしたものがほとんどだが、読み書きのパフォーマンスへのメディアの影響は大人よりも子供においてより深刻であり、その選択に注意を要する。紙と電子メディアのさまざまな比較実験の結果をふまえ、ここでは教育の電子化について私たちの見解を述べたいと思う。

　教育でデジタルツールに利用価値があることは明らかである。英語の発音を確認したり、理科の実験をビデオで確認したり、テストを自動で採点したり、さらには親との情報共有にSNSを利用したりなど、従来の紙メディアにはできないデジタルツールの利点はあげたらきりがない。それでも、文章を読解したり、難しい算数の問題を解くなどのシーンでは、デジタルツールの利用に慎重になる必要があるだろう。これまで行ってきた紙と電子メディアの読み書きのパフォーマンスへの比較実験をふまえ、以下の観点で私たちは教育の電子化に懸念を持っている。

　第1は子供の学力低下につながる懸念である。小説の読みと異なり、業務での読みは文書を持ったり、移動したり、ページをめくったりという文書インタラクションが頻繁に発生し、文書インタラクションが多い読みでは紙の優位性が顕著に示されることを繰り返して述べてきた。子供たちが教科書や参考書を読む作業は、業務での読みと同様に（あるいはそれ以上に）文書インタラクションが頻繁に生じる作業が多い。

　以前、著者らが社会科の穴埋めテストの事前学習を観察したところ、重要箇所にアンダーラインを引いたり、丸で囲ったり、矢印や単語を書き込んだり、重要な単語を覚えるため、その箇所をペンでなぞったり、用紙を

239

ペン先で叩いたり、単語を手やペンで隠して覚えているか否かを確認したりなどの行為が頻繁に見られた（Takano et al., 2014）。文書インタラクションが頻繁に生じる読みで電子メディアを利用することが作業の効率や質を低下させたように（詳細は第5章）、文書インタラクションが頻繁に生じる教育現場の各種作業で電子メディアを利用すると、学習の効率と質が低下する可能性がある。

　加えて、小中高の生徒を対象にした実験では、コンピュータディスプレイやタブレットでの読みは、紙での読みに比べて理解度が低いとする結果も見られる（Kerr & Symons, 2006; Mangen et al., 2013）。子供のころからデジタル機器に慣れ親しんできた若者たちではあるが、デジタル機器が彼らの能力を低下を招くことを懸念する声もある（Jabr 2013）。読みの能力が確立されていない分だけ、若者を対象にした教育の場では、読み書きのメディアの良し悪しが、彼らの読み書きの能力に影響を与えやすいのかもしれない。

　第2の懸念は、現状のデジタルツールは集中を阻害する要因が多いことである。第6章で見たように、デジタルツールが備えるメニュー、ツールバー、カーソルの点滅、ポップアップなどは集中を阻害する視覚的外乱となる。そして、デジタルツールが備えるゲームやインターネットへのアクセスは、困難から逃れる誘惑として機能する。

　国立情報学研究所の新井氏は、ハイパーテキストで重要語の意味や関連情報を提供しても、文章の読解の助けにはならないことを指摘している（新井, 2012）。むしろ、読解に困難を感じたとき、学習者はそのストレスから逃れるためにリンクをクリックしてしまう可能性がある。そして、集中からの逃げ道としてリンク情報の参照が活用され、学習者は読解にはつながらない他の多くの情報を得て、非本質的な満足感を得てしまう可能性がある。ある分野での専門的な読み方を身につけた人にとっては、ハイパーテキストが有用なこともある。しかし、読解力の乏しい人がハイパー

リンクの助けを借りて読みが促進されるケースはがっかりするほど少なく、むしろ集中の阻害要因になりえることを新井氏は指摘している。

　読解や計算などで困難さに直面したときに、集中の阻害要因が与えられると、安易に阻害される対象に流され、じっくりとものを考えなくなる可能性がある。それが、デジタルツールを利用しているときのみに生じる一時的な問題であれば、まだよいのかもしれない。しかし、じっくりとものを考える経験がなく、そういった姿勢を身につけないで子供が育ってしまった場合には、生涯の問題として取返しのつかないことになる。

　第3の懸念はデジタルツールの豊富な情報提供、インタラクティブなアプリケーションの提供により、子供の学習の態度が受け身になってしまわないかということだ。紙での校正読みとタブレットでの校正読みの比較実験（5章6節）では、タブレットではテキストタッチが促進されず、タブレットでの誤り検出率は紙よりも低いことがわかった。この実験で参加者は「紙文書に触らずに読むことで、遠くから掲示板の文書を眺めているように感じた」と報告した。自分の手で文書を操作することにより、文書に対する所有感が増し、さらには文書を身体の拡張のように感じることが期待できる。タッチを促進しないタブレットを利用することで、文書から一歩身を引いて読むようになり、積極的に学習に取り組む姿勢が身につかなくなる可能性もある。

　実は、筆者は自分の子供の学習を見ていて、紙のテキストで学習するときとタブレットで学習しているときの子供の学習態度に大きな違いを感じることがある。間違いなく、子供はタブレットでの学習を楽しんでいる。しかし、子供がタブレットでオンライン学習をしているのを見ていると、わからない問題に出くわしたとき、じっくりと考えようとせずに、すぐに答えを参照しようとする。また、タップするとすぐに反応が得られることに満足し、反応を得ることそのものを目的にしているようにも見える。電子機器は考える場ではなく、答えを参照する場、コンピュータとのインタ

ラクティブなやり取りを楽しむ場と考えているように思える。

　最後の懸念は、現状の教育コンテンツと教授法は紙の利用を前提に作られてきたため、メディアとして紙で提示することに最適化されて作られていることに対する懸念である。ペーパーレス化の進展を例にとれば、オフィスのワークスタイルは紙を中心に作られてきたため、紙を置き換える試みは単なるメディアの変更ではなく、ワークスタイルの変更を伴う問題となる（柴田，2017）。結果として、オフィスのペーパーレス化には多くの失敗例があり（Sellen & Harper, 2001）、世の中全体としてペーパーレス化はゆるやかに進んでいるのが現状である。

　教育の電子化についても同様の問題が懸念される。現状の教育教材は紙との共進化のなかで紙に最適化されてデザインされてきたはずである。したがって、紙の教材をそのまま電子化したのでは、学習方法や教授法にさまざまな問題が生じることが予想される。望ましくは、教材や教育方法そのものをデジタル用に作り直すことが期待される。

　教科書が電子化され、じっくりと考える体験をもつことなく成長すると子供はどうなるのだろうか。発達心理学者のウォルフ（Wolf, 2008）によれば、テキストの読解に関する脳のサーキット（シナプスの結合構造）は子供時代の学習を通して後天的に獲得される。子供時代の必要な時期に必要な学習をして読解のための脳のハードウェアを構築しておかないと、人は生涯にわたって書き言葉の読解に問題を抱えることになると指摘している。

　読み書きの能力が一定のレベルに達している大人であれば、読み書きのメディアとして誤ったツールを選択して一時的に読み書きのパフォーマンスが低下しようが、あるいは誤ったメディアの選択により誤った学習の方向に導かれようが、大きな問題ではないかもしれない。しかし、対象が子供の場合、学習適齢期に誤ったメディアで誤った学習に時間を費やすことは、読解能力や考える態度が身につかないという意味で取り返しのつかない問題となる可能性がある。

第9章　考察と提言

　すでに述べたように、電子メディアには、紙の教材に比べて大きなメリットがある。効率的に学習や記憶を行なうための方法論やプログラムを盛り込み、子供たちが積極的に学習に取り組むように習慣付けるようなことも可能である。一方、紙の教材の使用にもメリットがある。したがって、繰り返し述べてきたように、紙と電子メディアを目的や状況に応じて使い分けていく必要がある。

　しかし、どのようなときに紙の教材を使い、どのようなときにデジタルデバイスを使うのがよいのかは、子供にも、そして教える側の先生にも十分な理解がない状態にある。したがって、教育関係者が中心になって、実証的な知見にもとづいてメディアの使い分けのガイドラインを作成して現場展開することが、緊急の課題であろう[22]。もっとも危険なアプローチは、子供たちにタブレットを与えて、そこにすべての教材を詰め込み、やみくもに電子化してしまうことである。

　実際のところ、教育でのデジタルツールの活用について、その効果やリスクは明確にはわかっていない。もしかしたら、弊害はごくわずかであり、デジタルツールを利用しない人はそのすばらしい効果を活用しなかったという意味で、逆に損害を被るのかもしれない。しかし、特に読み書きの基礎能力の育成にデジタルツールを利用することについては、その利用価値やリスクを正しく見積もれるようになってからでも遅くないように思う。むしろ、不用意に電子化して取り返しのつかない失敗に陥るリスクを懸念すべきだと思う。

※22　東京工業大学名誉教授の赤堀氏は、教育現場での子供たちを対象としたメディアの比較研究を多数実施しており参考になる（赤堀, 2014）。

第10章
むすび

紙も、ディスプレイも、タブレットも、スマートフォンも、誰もが使う身近な存在である。したがって、紙と電子メディアの比較論は、いろいろなところで、いろいろな人が独自の議論を展開している。ただし、多くは定性的で個々の経験や好みにもとづくものであり、主張の前提条件や作業文脈が明確にされていないため、互いに矛盾する主張も多く見られる。

　本書では、心理学的な実験手法をもとに、作業文脈を実験条件として明確化し、紙と電子メディアの効果をできる限り定量的に議論することを心がけた。言わば、メディアの良し悪しを科学的に数値とデータで明らかにすることを試みた。

　多くの実験を本書で紹介したが、もちろん、これで読み書きの多様な状況が網羅されているわけではない。特に、子供や老人を対象にした学習や記憶へのメディアの影響の分析、身体性を伴う場合と伴わない場合の情報アクセスの認知的な違いの分析、読み書きへのメディアの影響の脳科学的観点からの分析などは、今後、実施が強く期待される研究テーマである。また、本書でもふれたが、各種メディアの子供の学習態度への影響や学習プロセスの変容への影響については、重要な問題であるがゆえに、経験論に留まることなく客観的なデータ取得にもとづく議論を求めたい。

　調べるべきことはまだたくさんある。それでもこれまでの成果を書籍としてまとめたのは、メディアの読み書きへの影響についての正しい認識を社会に届けたいと考えたからである。特に、本書では電子メディアの圧倒的な普及と期待のなかで見過ごされがちな紙の利点を伝えることに焦点を当てた。

　紙は読みやすいというが、紙の読みやすさは「見やすさ」ではなく「扱いやすさ」によって支えられている。見るだけなら、紙で見ても、電子メディアで見ても、読みのパフォーマンスに大差はない。むしろ、深い読みを行なう必要がないのなら、動画やリアルタイム情報の提示が可能な電子メディアの側に利点が多い。しかし、見るだけでなく、文書の内容を深く

理解しようとすれば、文書を移動したり、並べたり、ページをぱらぱらめくったり、異なるページ間を行き来したり、テキストをポインティングしたり、なぞったりといった操作を頻繁に行なう必要がある。そして、そうした状況では、電子メディアに対する紙の優位性は顕著に示される。

　文書はもちろん目で読むものであるが、時に文書は「手で読む」ものでもある。その際の手を用いた文書の扱いやすさにおいて、タンジブルな物理的実体としての紙は、すばらしい威力を発揮する。操作に余分な認知負荷を伴うことがなく、読みを、そして思考を邪魔することがない。眺めるだけでなく、両手を使って文書と格闘するような状況でこそ、紙の真価が明確になる。紙の良さを強調するなら、紙は「表示メディア」というより「操作メディア」だと言えるだろう。

　加えて、紙は集中を妨げない。見た目はシンプルで、電子メディアのように多機能でなく、表示上の動きもない。だからこそ、読むことだけに集中できる。そして、書き込みもできる。テキストを書くなら、タイピングのほうが速く入力できる人も少なくないだろうが、手書きには入力しながらも考えられる、話せる、人の話を聞ける、というメリットがある。

　環境負荷の観点からも、紙は決して排除すべきものではない。紙と紙へのプリント出力にかかわるCO_2排出量は、オフィス全体でのCO_2排出量のわずかにすぎない。文書を読んだり、会議で文書を配布したりという状況で、紙への出力と電子機器の利用のどちらが環境にやさしいかは、作業時間や配布枚数などの状況に依存する。

　紙の効用を強調したが、電子メディアの利用を否定するつもりは全くない。何度も述べたように電子メディアにはさまざまな価値がある。事実、著者ら2人は、電子メディアを頻繁に活用し、その恩恵に浴している。しかし、どんなメディアでもそうだが、利点の裏には弊害もある。どんな弊害があるのかを正しく認識し、やみくもに電子化するのではなく、個々のメディアの特性を生かしてうまく使い分けるべき、あるいは両者を併用す

べきだというのが本書の主張である。

　それでも、集中した読み書きの場面では、本書の数々の実験で示したように、電子メディアの利用が読み書きのパフォーマンスを低下させることがある。したがって、こうした場面での電子メディアの利用には、もう少し慎重になる必要があるかもしれない。

　ここ数年、著者のひとり（柴田）は電子ペーパーの普及と用途の拡大を目指した業界団体において、各社の代表とともに電子ペーパーの新規適用領域の探索に努めている。電子ペーパーは紙に近い特性を持つ表示パネルとして期待されている。それでも、軽くて、薄くて、指になじんで、しなやかで、折りたたむこともでき、安くて、環境に偏在している紙の総合力を超えることは至難の業だと実感している。改めて、長い歴史のなかで少しずつ改良を重ねて、私たちの生活に溶け込んできた紙の偉大さを感じている。そして、電子ペーパーの普及のためには、紙に近いことを売りにするよりも紙にできないことを売りにしてビジネスチャンスを探すべきだと考えるようになった。

　現在、私は新たな研究の方向性のひとつとしてバーチャルリアリティの技術の活用を検討している。紙のアフォーダンスをデジタルで模倣することは難しいと自ら述べながら、果敢にも紙のアフォーダンスを仮想空間で再現し、本気でペーパーレスオフィス、ペーパーレスワークを実現する研究にチャレンジしている。もし、それが実現されたら、それは未来の働き方を紙から学んだおかげである。逆に実現されなかったとしたら、紙がやわではなかった証と言えるだろう。いずれにしても、紙のことを深く学んでよかったと、きっと私は思うことだろう。

謝　　辞

　本書の執筆にあたり、多くの方々に協力をいただきました。この場を借りて感謝申し上げたいと思います。

　本研究の多くは富士ゼロックス株式会社の研究技術開発本部にて、多くのかたがたの支援のもとで行われました。本書で述べた研究を開始したのは 2007 年のことです。当時の富士ゼロックス株式会社 常務執行役員 研究開発本部長であった齋藤潔氏の発案によりペーパーレスオフィス研究をスタートしました。以来、齋藤氏と当時の研究推進グループ長であった鹿志村洋次氏（元インキュベーションセンター長）には、研究のサポートに加え、継続してアドバイスと励ましをいただき、私たちの精神的支えとなっていただきました。

　現在、私たちは 2 人とも別の研究に携わっています（柴田は知的活動支援の研究、大村は文書デザイン支援の研究）。現在の研究開発本部長である常務執行役員の大西康昭氏、戦略推進グループ長の山下勲一氏の理解がなければ、本書の執筆はあり得ませんでした。本業との両立に理解を示していただいただけでなく、折を見て議論に協力し、アドバイスをいただきました。

　同僚の高野健太郎氏は、本書で紹介した議論のための読みの実験（5 章 7 節）を主体的に進め、その実験内容の本書への掲載を快諾していただきました。他にも本書で紹介したいくつかの実験の議論に加わっていただきました。

　元同僚の細井清氏には、オフィス用紙の専門家の観点から 2 章 1 節の内容を確認していただきました。同じく同僚の氷治直樹氏には、電子メディアの技術者の観点から 2 章 2 節の内容を確認していただきました。

本書で紹介した研究の原点は、現在、マイクロソフト・ケンブリッジ研究所の Abigail Sellen 氏と Richard Harper 氏が 2001 年に出版した著書「ペーパーレスオフィスの神話（The myth of the paperless office)」にあります。この本の翻訳に際して、彼らには何度もメールで質問に答えていただきました。また、2015 年に彼らの研究所を訪問した際には、本書で紹介した校正読みの実験（5 章 6 節）を研究所のメンバーと議論する機会を与えていただきました。

東海大学教授の面谷信氏とは、学会や業界団体の活動を通して、たびたびオフィスや教育現場での紙の役割や電子ペーパー技術の活用方法を議論させていただきました。また、私たちの研究が薄型の表示パネルの発展に示唆を与えることを見出し、電子ペーパーやディスプレイ技術の研究者との交流の機会を与えていただきました。

その他にも、個人的な議論を通して数多くの研究者にアドバイスをいただきました。電気通信大学教授の田野俊一氏、富士ゼロックスのパルアルト研究所の元研究員である Pernilla Qvarfordt 氏、マイクロソフト・レッドモンド研究所の Ken Hinckley 氏、現在テキサス A&M 大学教授でマイクロソフト・シリコンバレー研究所の元研究員の Cathy Marshall 氏、東京大学教授であり東京大学図書館の元副館長でもあった堀浩一氏、公益社団法人日本印刷技術協会（JAGAT）主幹研究員の藤井建人氏に感謝します。

日本製紙株式会社 情報用紙営業部 部長代理の熊谷隆氏には、私たちの研究を日本製紙社内にて紹介する機会を与えていただきました。また、同社の製紙技術を見学する機会を与えていただきました。

京橋紙業株式会社社長の宮島実氏と同社の榎本勉氏には、本書の執筆を強力に後押ししていただきました。同社が主催したセミナーの講演で聴講者からいただいた励ましと書籍の出版への期待の声は、書籍の執筆における私たちの心の支えでした。

産業能率大学出版部の坂本氏は、本書の内容に価値を見出し、出版に向

けて尽力くださいました。そして、本書の内容を丁寧に校正してくださいました。

　富士ゼロックス株式会社グラフィックコミュニケーションサービス事業本部の森田直己氏は、本書のデジタル印刷の出版に向けて尽力くださいました。

　最後は私たちの家族についてです。執筆を開始した 2016 年の年末から今日まで、度重なり週末と休暇を本書の執筆に費やすことに協力していただき感謝しています。

■ 参考文献 ■

1. Adler, A., Gujar, A., Harrison, B., O'Hara, K., and Sellen, A.J. (1998). A diary study of work-related reading : Design implications for digital reading devices. In *Proceedings of the SIGCHI Conference on Human Factors in Computing Systems (CHI '98)*, 241-248. New York : ACM.
2. 赤堀侃司 (2014)「タブレットは紙に勝てるのか : タブレット時代の教育」ジャムハウス
3. 秋田 喜代美 (2002)「読む心・書く心 : 文章の心理学入門」心理学ジュニアライブラリ, 北大路書房
4. 青山 浩之 (2010)「気持ちが伝わる『手書き』ワザ」日本経済新聞出版社
5. 朝日新聞デジタル (2017)「書店ゼロの自治体、2割強に」(2017年8月24日)
6. 新井 紀子 (2012)「デジタル教科書の諸問題」数学文化, 17, 35-49
7. 新井 紀子 (2012b)「ほんとうにいいの？デジタル教科書」岩波書店
8. Baron, N.S. (2015). *Words onscreen : The fate of reading in a digital world.* Oxford University Press.
9. Benedetto, S., Drai-Zerbib, V., Pedrotti, M., Tissier, G., and Baccino, T. (2013). E-readers and visual fatigue. *PLoS ONE*, 8(12).
10. Bowman, L.L., Levine, L.E., Waite, B.M., and Gendron, M. (2010). Can students really multitask? An experimental study of instant messaging while reading. *Computers & Education*, 54(4), 827-931.
11. Bush, V. (1945). As we may think. *The Atlantic Monthly*, 176(1), 101-108.
12. Carr, N.G. (2010). *The shallows: What the Internet is doing to our brains.* W.W.Norton & Co.(篠儀 直子 訳「ネット・バカ : インターネットがわたしたちの脳にしていること」青土社, 2010).
13. Chen, N., Guimbretiere, F., and Sellen, A. (2012). Designing a multi-slate reading environment to support active reading activities. *ACM Transactions on Computer-Human Interaction*, 19(3), 1-35. New York : ACM.
14. Conklin, J. (1987). Hypertext : An introduction and survey. *IEEE Computer*, 20(9), 17-41.
15. Craik, F.I.M. and Lockhart, R.S. (1972). Levels of processing : A framework for memory research. *Journal of Verbal Learning and Verbal Behavior*, 11, 671-684.
16. DeStefano, D. and LeFevre, J.A. (2007). Cognitive load in hypertext reading : A review. *Computers in Human Behaviour*, 23(3), 1616-1641.
17. Dillon, A., Richardson, J., and McKnight, C. (1990). The effect of display size and text splitting on reading lengthy text from screen. *Behaviour and Information Technology*, 9(3), 215-217.
18. Dillon, A. (1992). Reading from paper versus screens : A critical review of the empirical literature. *Ergonomics 35*, 10, 1297-1326. Taylor & Fransis.
19. ウンベルト・エーコ，ジャン＝クロード・カリエール (著)，工藤 妙子 (訳) (2010)「もうすぐ絶滅するという紙の書物について」CCCメディアハウス
20. Ericsson, K.A. and Simon, H.A. (1993). *Protocol analysis: Verbal reports as data.*

Cambridge, MA, The MIT Press.

21. Fried, C.B.(2008). In-class laptop use and its effects on student learning. *Computers & Education*, 50(3), 906-914.

22. Gallant, D.T., Seniuk, A.G., and Vertegaal, R.(2008). Towards more paper-like input：Flexible input devices for foldable interaction styles. In *Proceedings of the Symposium on User Interface Software and Technology(UIST '08)*, 283-286, New York：ACM Press.

23. Gibson, J.J.(1979). *The ecological approach to visual perception*. Houghton Mifflin.(古崎 敬 訳「生態学的視覚論：ヒトの知覚世界を探る」サイエンス社, 1985)

24. Glass, A.L. and Kang, M.(2018). Dividing attention in the classroom reduces exam performance. *Educational Psychology*. Taylor & Fransis.

25. Golovchinsky, G., Carter, S., and Dunnigan, A.(2011). ARA：The active reading application. In *Proceedings of the 2011 ACM Multimedia(MM '11)*, 799-800. New York：ACM.

26. Gore, A.(2006). *An inconvenient truth*. Rodale Printing.(枝廣 淳子 訳「不都合な真実」ランダムハウス社, 2007)

27. Gould, J.D., Alfaro, L., Barnes, V., Finn, R., Grischkowsky, N., and Minuto, A.(1987). Reading is slower from CRT displays than from paper：Attempts to isolate a single-variable explanation. *Human Factor*, 29(3), 269-299.

28. Gould, J.D., Alfaro, L., Barnes, V., Finn, R., Haupt, B., and Minuto, A.(1987b). Reading from CRT displays can be as fast as reading from paper. *Human Factors*, 29(5), 497-517.

29. Haas, C.(1989). Does the medium make a difference? Two studies of writing with pen and paper and with computers. *Human-Computer Interaction*, 4(2), 149-169.

30. Haas, C.(1989b). How the writing medium shapes the writing process：Effects of word processing on planning. *Research in the Teaching of English*, 23(2), 181-207.

31. Hawisher, G.E.(1988). Research update：Writing and word processing. *Computers and Composition*, 5(2), 7-27.

32. Hembrooke, H. and Gay, G.(2003). The laptop and the lecture：The effects of multitasking in learning environments. *Journal of Computing in Higher Education*, 15(1), 46-64.

33. Hiltzik, M.(2000). *Dealers of lighting：XEROX PARC and the dawn of the computer age*. HarperBusiness.(エ・ビスコム・テック・ラボ 監訳「未来をつくった人々：ゼロックス・パルアルト研究所とコンピュータエイジの黎明」毎日コミュニケーションズ, 2000)

34. Hinckley, K., Zhao, S., Sarin, R., Baudisch, P., Cutrell, E., Shilman, M., and Tan, D.(2007). InkSeine：In Situ search for active note taking. In *Proceedings of the SIGCHI Conference on Human Factors in Computing Systems(CHI '07)*, 251-260. New York：ACM.

35. Hinckley, K., Bi, X., Pahud, M. and Buxton, B.(2012). Informal information gathering techniques for active reading. In *Proceedings of the SIGCHI Conference on Human Factors in Computing Systems(CHI '12)*, 1893-1896. New York：ACM.

36. Hunter, W.J., Jardine, G., Rilstone, P. and Weisgerber, R.(1991). The effects of using word processors：A hard look at the research. *The Writing Notebook*, 8(1), 42-46.

37. 石川 九楊 (2000)「文学は書字の運動である：ワープロ作文は何をもたらすのか」文学界，2000 年 2 月号，278-303

38. 石川 幸憲 (2010)「キンドルの衝撃」毎日新聞社

39. 磯野 春雄，高橋 茂寿，滝口 雄介，山田 千彦 (2005)「電子ペーパで読書した場合の視覚疲労の測定」映像情報メディア学会誌，59(3)，403-406

40. 伊藤 裕二，川本 真司，青柳 雅明 (2008)「日本のオフィスの平均的 CO_2 排出量試算と削減の可能性検討」エコデザイン 2008 ジャパンシンポジウム予稿集

41. 伊藤 裕二，川本 真司，柴田 博仁 (2013)「オフィスでの働き方の変革による環境負荷削減効果の見積もりに関する考察」人工知能学会誌，28(4)，551-558.

42. Jabr, F.(2013). The reading brain in the digital age: The science of paper versus screens. Sientific American, April 11, 2013.

43. Jamali, H.R., Nicholas, D., and Rowlands, I.(2009). Scholarly e-books：The views of 16,000 academics：Results from the JISC National E-Book Observatory. *Aslib Proceedings*, 61(1), 33-47.

44. Johnson, M. and Nadasa, R.(2009). Marginalised behavior：Digital annotations, spatial encoding and the implications for reading comprehension. *Learning, Media and Technology*, 34(4), 323-336.

45. 海保 博之，原田 悦子 (1993)「プロトコル分析入門：発話データから何を読むか」新曜社

46. 紙の博物館 (2007)「紙のなんでも小事典：パピルスからステンレス紙まで」講談社

47. Kampfe, J., Sedlmeier, P., and Renkewitz, F.(2011). The impact of background music on adult listeners：A meta-analysis. *Psychology of Music*, 39(4), 424-448.

48. Kaufman, G. and Flanagan, M.(2016). High-low split：Divergent cognitive construal levels triggered by digital and non-digital platforms. In *Proceedings of the SIGCHI Conference on Human Factors in Computing Systems(CHI '16)*, 2773-2777. New York：ACM.

49. Kerr, M.A. and Symons, S.E.(2006). Computerized presentation of text：Effect on children's reading of informational material. Reading and Writing, 19(1), 1-19.

50. King, R.N. and Koehler, D.J.(2000). Illusory correlations in graphological interference. *Journal of Experimental Psychology*, 6, 336-348.

51. 小谷津 孝明，大村 賢悟 (1985)「注意と記憶」小谷津 孝明 (編)，認知心理学講座 2 記憶と知識，87-121，東京大学出版会

52. 寇 冰冰，椎名 健 (2006)「異なる表示媒体の読みに関する統制条件下における比較研究：読書媒体としての読みやすさについて」図書館情報メディア研究，4(1)，29-44

53. 寇 冰冰，椎名 健 (2006b)「読書における異なる表示媒体に関する比較研究：呈示条件が読みやすさに及ぼす影響について」図書館情報メディア研究，4(2)，1-18

54. 草森 紳一 (2005)「随筆 本が崩れる」文藝春秋

55. Lawson, B.(1997). *How designers think：The design process demystified(third edition)*. Architectural Press.

56. Liu, Z.(2005). Reading behavior in the digital environment：Changes in reading behavior over the past ten years. *Journal of Documentation*, 61(6), 700-712.

57. Lutz, J.A.(1987). A study of professional and experienced writers revising and editing at the computer with pen and paper. *Research in the Teaching of English*, 21(4), 398-421.

58. 前田 秀一（2012）「今更人に聞けない電子ペーパー」電子情報通信学会 通信ソサイエティマガジン, 6(1), 20-25

59. Mangen, A., Walgermo, B. R., and Bronnick, K.(2013). Reading linear texts on paper versus computer screen: Effects on reading comprehension. International Journal of Educational Research, 58, 61-68, Elsevier.

60. Marshall, C. and Bly, S.(2005). Turning the page on navigation. In *Proceedings of ACM/IEEE Joint Conference on Digital Libraries*(*JCDL '05*), 225-234. New York：ACM.

61. Masunaga, S., Xu, X, Terabe, T., Shibuta, K. and Shibata, H.(2017). A paper book type Input device for page navigation in digital documents date of evaluation. *IEICE Transactions on Electronics*, E100-C(11), 984-991.

62. McLuhan, M. and McLugan, E.(1998). *Laws of media：The new science*. University of Toronto Press.(高山 宏(監修), 中沢 豊(訳)「メディアの法則」NTT 出版, 2002)

63. Merkoski, J.(2013). *Burning the page：The eBook revolution and the future of reading*. Sourcebook.(浅川 佳秀 訳「本は死なない：Amazon キンドル開発者が語る『読書の未来』」講談社, 2014)

64. Miall, D.S. and Dobson, T.(2001). Reading hypertext and the experience of literature. *Journal of Digital Information*, 2(1).

65. Miller, G.A.(1956). The Magical number seven plus or minus two：Some limits on our capacity for processing information. *Psychological Review*, 101(2), 343-352.

66. Mills, C.B., and Weldon L.J.(1987). Reading text from computer screens. *ACM Computing Surveys*, 19(4), 329-357. New York：ACM.

67. 森 敏昭, 吉田 寿夫（1990）「心理学のためのデータ解析テクニカルブック」北大路書房

68. Morris, M.R., Brush, A.J., and Meyers, B.(2007). Reading revisited：Evaluating the usability of digital display surfaces for active reading tasks. In *Proceedings of IEEE International Workshop on Horizontal Interactive Human Computer Systems*(*TABLETOP '07*), 79-86. Washington, DC：IEEE.

69. Moser, A., Santos, N., and Corcini, L.F.(2016). Neuro-epistemological aspects of digital hypertext as a mediator learning. *Journal of Research & Method in Education*, 6(6), 1-7.

70. Mueller, P.A. and Oppenheimer, D.M.(2014). The pen is mightier than the keyboard：Advantages of longhand over laptop note taking. *Psychological Science*, 25(6), 1159-1168. SAGE Journals.

71. ローター・ミュラー（著）, 三谷 武司 （訳）（2013）「メディアとしての紙の文化史」東洋書林

72. Muter, P. and Maurutto, P.(1991). Reading and skimming from computer screens and books：The paperless office revisited? *Behaviour & Information Technology*, 10(4), 257-266.

73. 西牟田 靖（2015）「本で床は抜けるのか」本の雑誌社

74. 野口 悠紀雄（2002）「『超』文章法：伝えたいことをどう書くか」中央公論新社

75. 野村総合研究所ノンペーパー推進委員会（2010）「野村総合研究所はこうして紙を無くした！」アスキー新書.

76. O'Hara, K. and Sellen, A.J.(1997). A comparison of reading paper and on-line docu-

ments. In *Proceedings of the SIGCHI Conference on Human Factors in Computing Systems*(*CHI '97*), 335-342. New York：ACM.

77. 王子製紙 (2009)「紙の知識 100」東京図書

78. 岡野 翔，面谷 信 (2006)「読みやすい電子ペーパーの具備すべき条件の検討：媒体呈示条件，媒体重量，表示面サイズが読みやすさに及ぼす影響の評価」日本印刷学会誌，43(5)，34-41

79. 面谷 信 (2003)「紙への挑戦：電子ペーパー」森北出版

80. 大村 賢悟，柴田 博仁 (2010)「高解像度ディスプレイでの校正読みが紙より遅くなるとき」情報処理学会 全国大会予稿集

81. 大村 賢悟，柴田 博仁 (2010b)「紙と電子メディアの読み書きに関する意識調査」紙業タイムス，62(10)，18-30

82. 尾鍋 史彦，松倉 紀男，伊部 京子，丸尾 敏雄 (2006)「紙の文化事典」朝倉書店

83. 小山内 秀和，楠見 孝 (2013)「物語世界への没入体験：読解過程における位置づけとその機能」心理学評論，56(4)，457-473

84. Plude, D.J.(1992). Attention and memory improvement. Hermann, D.J., Weingartner, H., Searleman, A., and McEvoy, C.(eds.), *Memory Improvement：Implications for memory theory*. 150-168, Springer-Verlag.

85. Rouet, J.F., Levonen, J.J., Dillon, A., and Spiro, R.J.(1996). *Hypertext and cognition*. Psychology Press.

86. Sparrow, B., Liu, J., and Wegner, D.M.(2011). Google effects on memory：Cognitive consequences of having information at our fingertips. *Science*, 333(6043), 776-778.

87. 酒井 邦嘉 (2011)「脳を創る読書：なぜ「紙の本」が人にとって必要なのか」実業之日本社

88. Sana, F., Weston, T., and Cepeda, N.J.(2013). Laptop multitasking hinders classroom learning for both users and nearby peers. *Computers & Education*, 62, 24-3.

89. Schilit, B.N., Golovchinsky, G., and Price, M.N.(1998). Beyond paper：Supporting active reading with free form digital ink annotations. In *Proceedings of the SIGCHI Conference on Human Factors in Computing Systems*(*CHI '98*), 249-256. New York：ACM.

90. Schnotz, W. and Kurschner, C.(2007). A reconsideration of cognitive load theory. *Educational Psychology* Review, 19(4), 469-508.

91. Schön, D.A.(1983). *The reflective practitioner：How professionals think in action*. Basic Books.

92. Schwesig, C., Poupyrev, I., and Mori, E.(2004). Gummi：A bendable computer. In *Proceedings of the SIGCHI Conference on Human Factors in Computing Systems*(*CHI '04*), 263-270, New York：ACM.

93. Sellen, A.J. and Harper, R.H.(2001). *The myth of the paperless office*. The MIT Press. (柴田 博仁，大村 賢悟 訳「ペーパーレスオフィスの神話：なぜオフィスは紙であふれているのか？」創成社，2007)

94. Sharples, M.(1999). *How we write：Writing as creative design*. Routledge.

95. Shibata, H. and Hori, K.(2008). Cognitive support for the organization of writing. *New Generation Computing*, 26(2), 97-124.

96. 柴田 博仁 (2009)「大画面ディスプレイ・多画面ディスプレイの導入による業務効率化の測定」情報処理学会論文誌，50(3)，1204-1213

参考文献

97. 柴田 博仁，大村 賢悟 (2010)「文書の移動・配置における紙の効果：複数文書を用いた相互参照の読みにおける紙と電子メディアの比較」ヒューマンインタフェース学会論文誌，12(3)，301-311

98. 柴田 博仁，大村 賢悟 (2010b)「紙か電子端末か：『書くこと』における紙と電子メディアの比較実験」紙業タイムス，62(12)，46-52

99. 柴田 博仁，大村 賢悟 (2011)「表示メディアとしての紙と電子メディア：環境の視点からの比較」富士ゼロックス・テクニカルレポート，20，85-95

100. 柴田 博仁，大村 賢悟 (2011b)「ページ間の行き来を伴う読みにおける紙と電子メディアの比較」ヒューマンインタフェース学会論文誌，13(4)，345-356

101. 柴田 博仁 (2015)「紙はどこで使われ続けるか」紙業タイムズ社編集『紙パルプ 2020 有識者が語る近未来』，52-61

102. Shibata, H., Takano, K., and Tano, S.(2015). Text touching effects in active reading : The impact of the use of a touch-based tablet device. *Proceedings The 15th IFIP TC.13 International Conference on Human-Computer Interaction(INTERACT '15)*, LNCS, 9296.

103. 柴田 博仁，大村 賢悟 (2016)「答えを探す読みにおける紙の書籍と電子書籍の比較」日本画像学会論文誌，55(3)，274-282

104. Shibata, H., Fukase, Y., Hashimoto, K., Kinoshita, Y., Kobayashi, H., Nebashi, S., Omodani, M., and Takahashi, T.(2016). A proposal of future electronic paper in the office : Electronic paper as a special-purpose device cooperating with other devices. *ITE Transactions on Media Technology and Applications*, 4(4), 308-315.

105. 柴田 博仁 (2017)「ペーパーレスはなぜ来ないのか？ 紙はどこで使われ続けるのか？」日本画像学会誌，56(5)，538-533

106. 柴田 博仁，大村 賢悟 (2017)「手紙文の内容評価と差出人のパーソナリティ評価に及ぼす表示メディアと文書スタイルの効果」日本印刷学会論文誌，54(1)，49-57

107. Shibata, H., Omura, K., and Qvarfordt, P.(2018). Optimal orientation of text documents for reading and writing. *Human-Computer Interaction*. Taylar & Fransis.

108. Shibata, H. and Omura, K. (2018b). Reconsideration of the effects of handwriting: Comparing cognitive load of handwriting and typing. *ITE Transactions on Media Technology and Applications*. 6(4), 255-261.

109. 週刊朝日 (2000)「ワープロを捨てた作家たち」週刊朝日，2000 年 2 月 18 日号，135-137

110. 出版科学研究所 (2018)「出版月報 2018 年 1 月号：特集『2017 年 出版物発行・販売概況 〜2017 年電子出版市場レポート〜』」

111. Smith, D.K. and Alexander, R.C.(1999). *Fumbling the future : How Xerox invented, then ignored, the first personal computer*. iUnivrese.com.

112. Spelke, E., Hirst, W., and Neisser, U.(1976). Skills of divided attention. *Cognition*, 4(3), 215-30.

113. Subrahmanyam, K., Michikyan, M., Clemmons, C., Carrillo, R., Uhls, Y.T., and Greenfield, P.M.(2013). Learning from paper, Learning from screens : Impact of screen reading and multitasking conditions on reading and writing among college students. *International Journal of Cyber Behavior, Psychology and Learning*, 3(3), 1-27.

114. Suwa, M., Gero, J., and Purcell, T.(2000). Unexpected discoveries and S-invention of design requirements : Important vehicles for a design process. *Design Studies*, 21(4),

539-567.

113. Sweller, J.(1988). Cognitive load during problem solving：Effects on learning. *Cognitive Science*, 12(2), 257-285.

116. Szalavitz, H.(2012). Do e-books make it harder to remember what you just read?. *Time*, March 14, 2012.

117. 高野 健太郎，柴田 博仁，大村 賢悟（2012）「ページめくりの操作性に着目した電子書籍端末の評価」ヒューマンインタフェース学会論文誌，14(1)，89-100

118. Takano, K., Shibata, H., Omura, K., Ichino, J., Hashiyama, T., and Tano, S.(2012). Do tablets really support discussion?：Comparison between paper, a tablet, and a laptop PC used as discussion tools. In *Proceedings of the Australian Computer-Human Interaction Conference on Designing Futures(OzCHI '12)*, 562-571. New York：ACM.

119. Takano, K., Shibata, H., Ichino, J., Hashiyama, T., and Tano, S.(2014). Microscopic analysis of document handling while reading paper documents to improve digital reading device. In *Proceedings of the Australian Computer-Human Interaction Conference on Designing Futures(OzCHI '14)*, 559-567. New York：ACM.

120. Tashman, C. and Edwards, W.K.(2011). LiquidText：A flexible, multitouch environment to support active reading. In *Proceedings of the SIGCHI Conference on Human Factors in Computing Systems(CHI '11)*, 3285-3294. New York：ACM.

121. テックタイムス（2009）「改めて『古紙と環境』を考える」紙業タイムス

122. Thirunarayanan, M.O.(2003). From thinkers to clickers：The World Wide Web and the transformation of the essence of being human. *Ubiquity*, 2003(5), New York：ACM.

123. 津野 海太郎（2010）「電子本をバカにするなかれ：書物史の第三の革命」国書刊行会

124. Vallacher, R. R., and Wegner, D. M.(1989). Levels of personal agency：Individual variation in action identification. *Journal of Personality and Social Psychology*, 57(4), 660-671.

125. 和田 茂夫（2008）「『手書き』の力」PHP ビジネス新書

126. Watanabe, J., Mochizuki, A., and Horry, Y.(2008). Bendable device for browsing content using the metaphor of leafing through the pages. In *Proceedings of the International Conference on Ubiquitous Computing(UbiComp '08)*, 360-369, New York：ACM.

127. Wightman, D., Ginn, T., and Vertegaal, R.(2011). Bendflip：Examining input techniques for electronic book readers with flexible form factors. In *Proceedings of IFIP Conference on Human-Computer Interaction(INTERACT '11)*, 117-133, Springer.

128. Wolf, M.(2008). *Proust and the squid：The story and science of the reading brain.* Harper Perennial.（小松 淳子 訳「プルーストとイカ：読書は脳をどのように変えるのか?」インターシフト，2008）

129. Wood, E., Zivcakova, L., Gentile, P., Archer, K., Pasquale, D.D., and Nosko, A.(2012). Examining the impact of off-task multi-tasking with technology on real-time classroom learning. *Computers & Education*, 58(1), 365-374. Elsevier.

130. Yoon, D., Cho, Y., Yeom, K., and Park, J.H.(2011). Touch-Bookmark：A lightweight navigation and bookmarking technique for e-books. In *Proceedings of the SIGCHI Conference on Human Factors in Computing Systems(CHI '11)Extended Abstracts*, 1189-1194, New York：ACM.

131. Yoon, D., Hinckley, K., Benko, H., Guimbretiere, F., Irani, P., Pahud, M., and Gavriliu, M. (2015). Sensing tablet grasp + micro-mobility for active reading. In *Proceedings of the ACM Symposium on User Interface Software and Technology* (*UIST '15*), 477-487, New York : ACM.

132. Zack, D. (2015). *Singletasking : Get more done-one thing at a time.* Berrett-Koehler Publishers.

133. Zhao, Y., Qin, Y., Liu, Y., Liu, S., and Shi, Y. (2013). QOOK : A new physical-virtual coupling experience for active reading. In *Proceedings of the ACM Symposium on User Interface Software and Technology* (*UIST '13*), New York : ACM.

134. Zhu, E. (1999). Hypermedia interface design : The effects of number of links and granularity of nodes. *Journal of Educational Multimedia and Hypermedia*, 8 (3), 331-358.

■ 商標について ■

- Windows はマイクロソフト社の商標です。
- Adobe Reader はアドビシステムズ社の商標です。
- iPad はアップル社の商標です。
- Kindle はアマゾン社の商標です。
- LIBRIe、Sony Reader はソニー株式会社の商標です。
- その他、掲載されている社名、製品名は各社の登録商標または商標です。

■ 著者紹介 ■

柴田 博仁

1994年、大阪大学大学院 理学研究科数学専攻 修士課程修了。2003年、東京大学大学院 工学系研究科 博士課程修了。博士（工学）。現在、富士ゼロックス株式会社 研究技術開発本部 研究主幹。東京工科大学 兼任講師。人工知能学会 理事。ビジネス機械・情報システム産業協会（JBMIA）電子ペーパーコンソーシアム 副委員長。専門はユーザインタフェースと認知科学。コンピュータを利用した知的活動支援の研究に興味を持つ。2007年から本書で紹介した紙と電子メディアの比較研究に従事してきた。その知見を生かし、現在は紙の操作性の良さを電子メディア上で実現する研究に取り組んでいる。

大村 賢悟

慶應義塾大学大学院 社会学研究科 心理学専攻 博士課程単位取得退学。富士ゼロックスに入社後は、認知表現学、ドキュメントデザインの研究、ドキュメント作成支援技術の開発に従事。現在、鎌倉女子大学非常勤講師。専門は認知心理学。著書に、『認知心理学講座2 記憶と注意』（東大出版会）、『認知心理学重要研究集2 記憶認知』（誠信書房）などがある。

ペーパーレス時代の紙の価値を知る
読み書きメディアの認知科学　　　　　　　　　　　　　　　〈検印廃止〉

著　者	柴田博仁・大村賢悟
発行者	坂本　清隆
発行所	産業能率大学出版部
	東京都世田谷区等々力 6 - 39 - 15　〒 158 - 8630
	（電　話）03（6432）2536
	（FAX）03（6432）2537
	（振替口座）00100 - 2 - 112912

2018 年 11 月 30 日　初版 1 刷発行
2024 年 12 月 10 日　　　8 刷発行

印刷所・製本所　株式会社 マツモト

（落丁・乱丁はお取り替えいたします）　　　　　　ISBN 978 - 4 - 382 - 05765 - 4
無断転載禁止